Reise durch

IRLAND

Bilder von
Martin Schulte-Kellinghaus
& Erich Spiegelhalter

Texte von
Martina Wenk

Stürtz

Erste Seite:
Braun, mit einer cremigweißen Krone, nur so ist es echt! In zwei Schüben wird ein Guinness eingeschenkt, dann bildet sich der berühmte Schaum. Getrunken am besten am Tresen im Pub, wie hier bei Morrissey's in Abbeyleix.

Vorherige Seite:
Malerisch inmitten der Felder stehen die Ruinen von Hore Abbey, County Tipperary. Gegründet wurde sie im 13. Jahrhundert. Der Erzbischof von Cashel hatte geträumt, die Benediktiner planten ihn zu ermorden, weshalb er diese verbannte und die Abtei den Zisterziensern von Mellifont zum Geschenk machte.

Unten:
Die irischen Flüsse sind wahre Anglerparadiese. Diese Lachse wurden aus dem Moy, County Mayo, gezogen. Die Lachssaison

dauert von Januar bis Ende September, wer selbst seine Angelrute ins Wasser halten will, braucht eine staatliche Lizenz.

Seite 10/11: 182 Meter hoch und acht Kilometer lang brechen die Cliffs of Moher steil ins Meer ab. Möwen und andere Seevögel segeln laut kreischend zwischen den Sandsteinklippen umher oder tauchen mit einem gellenden Schrei in die Gischt.

Inhalt

Hierher, in die Einsamkeit des Tales, wo heute das Dorf Glencolumbkille liegt, hatte sich einst Kolumban der Ältere, irisch Colmcille, zurückgezogen, um zu beten. Die jährliche Wallfahrt ist noch immer mehr keltischer, denn christlicher Natur.

Irland, die Insel am Rande Europas, weckt in jedem von uns Sehnsüchte – so vielfältig wie das Land und seine Kultur. Da erkunden Naturliebhaber mit dem Fahrrad die alpinen Regionen der Halbinsel Kerry, Wanderer suchen Erholung an einsamen Fjorden oder Stränden und Literaten begeben sich auf die Spuren der großen irischen Dichter James Joyce, William Butler Yeats oder des deutschen Nobelpreisträgers Heinrich Böll.

Da ist die junge Studentin aus Zypern, die einen einzigartigen Frieden auf dieser Insel spürt und diesen ganz in sich aufnehmen will. Und da ist der Lehrer aus Deutschland, der seine Ferien der einmaligen Pubkultur gewidmet hat. Nicht gerade blind für die herausragenden Kulturschätze aus längst vergangenen Zeiten, sucht er die typisch irische Lebensweise, die ihn so fasziniert. Und da sind all die vielen Individualisten, für die Reisen immer auch Begegnung bedeutet, mit fremden Farben, fremden Gegenden und überaus liebenswürdigen Menschen. Man reist durch dieses Land, sieht grüne Hügel vor sich, die bis zum Horizont reichen und, so scheint es, noch darüber hinaus. Man träumt von Klippen, die in unvorstellbaren Höhen ins Meer abbrechen, und von anderen so „Irland typischen" Bildern mehr. Und dann stellt man fest: Irland ist immer anders.

Das grundlegendste aller irischen Themen

Es fängt schon beim Wetter an, dem grundlegendsten aller irischen Themen. Die Iren sind gesprächige und freundliche Menschen. Und besonders unter Fremden fängt ein Gespräch fast immer mit dem Wetter an. Zum Beispiel mit einem „Nice day today!", selbst wenn man im Nebel die eigene Hand vor dem Gesicht nicht mehr sieht. Doch „it could be worse", es könnte noch schlimmer sein, lautet die Antwort der Iren. Der irische Regen ist sprichwörtlich, der ausdauernde Landregen jedoch ist eher selten, zumindest in den Frühsommermonaten, wenn sich Irland im Blütenmeer seiner Gärten von seiner schönsten Seite zeigt und die Berge

gar violett leuchten, weil sie über und über von Rhododendren bedeckt sind. Meist sind die Regengüsse nur kurz, gleich darauf scheint wieder die Sonne, ein bunter Regenbogen spannt sich über den Himmel, die Sonne lächelt und taucht das Land in jenes freundliche Licht, das so zart ist und nichts gemein hat mit der sengenden Hitze des Südens. Wer eben noch finster schimpfend im Pub über seinem Whiskey saß, versteht plötzlich den Gleichmut der Iren ihrem Wetter gegenüber. Nirgends hat das Sprichwort vom Sonnenschein, der jedem Regen folgt, eine solch charakterbildende Wirkung wie auf der westlichen der britischen Inseln.

Es soll aber auch Jahre gegeben haben, in denen der Sommer auf einen Montag gefallen ist, so ein gern zitierter Satz für regengeplagte Irlandbesucher, wenn sich das Wetter wieder einmal nicht an die besucherfreundlichen Verlautbarungen des Tourismusministeriums gehalten hat. Dann müsste man eigentlich diese Insel verwünschen, man müsste erbost abreisen. Ja, wenn es sich eben nicht um Irland handeln würde. Die Insel verzaubert jeden. Als würde man in Irland zum Wesentlichen der Dinge vorstoßen. Wer durch alte Mauerreste stapft, sich in den Bann steinerner Zeugen einer längst vergangenen Zeit begibt, der sinniert über Entstehen und Vergehen, über Alpha und Omega, er spürt eine Schwermut, die im grauen Regen nur ihre fühlbare Entsprechung findet, und so den wundersamen Eindruck dieser Insel nur nachhaltig verstärkt.

Das feuchte Klima ist Dreh- und Angelpunkt aller Gespräche über die Insel im rauen Atlantik. Dabei blühen hier in diesen nördlichen Breiten Rhododendren in unvorstellbarer Fülle, Fuchsien erfrieren nicht, gelbe Ginsterhaine schaffen Kontrapunkte im ewigen Grün. Die Insel liegt am berühmten Golfstrom, der warme Meeresluft vom Atlantik bringt, sodass die Temperaturen im Winter kaum den Gefrierpunkt erreichen und es im Sommer selten heißer wird als 25 Grad. Mit der warmen Atlantikluft kommen die Wolken, die bereits im Südosten den größten Teil ihrer Regenlast verloren haben und damit dieser Region ein Kontinentalklima bescheren. Der Südosten ist Irlands trockenste Region, und wenn das Wetter es gut meint, die See nicht zu aufgewühlt ist und die Sonne die Bewohner der Städte auf die Straßen treibt, kann sich tatsächlich so etwas wie ein südländisches Lebensgefühl einstellen. Viele Iren der großen Städte im Norden haben zumindest einen Wohnwagen im Süden platziert, um die Sommerwochenenden entspannt zu genießen. Von Dublin ist es nicht weit und ein Wochenende an der See lässt manchen die Turbulenzen der Großstadt vergessen.

Majestätisch erhebt sich über der Ebene von Golden Vale, County Tipperary, der Fels von Cashel mit seiner mächtigen Burg – die eindrucksvollste Irlands und eine der schönsten Europas. Hier residierten vom 4. bis zum 11. Jahrhundert die Könige von Munster.

Wer selbst auf den Dünen im Südosten nur einen regenverhangenen Horizont erblickt, wer der Mystik überdrüssig wird und wem die aufgespannten Regenschirme jede Aussicht in eine auch bei Regen beeindruckende Landschaft versperren, dem sei der Ort empfohlen, in dem es garantiert nicht regnet, Golfstrom hin oder her: dann ab ins Pub, zu Guinness und Whiskey!

Die ersten Siedler

Seit rund 10 000 Jahren, seit dem Ende der letzten Eiszeit, leben Menschen in Irland, das damit zu den späten Besiedlungsräumen in Europa gehört. Während dieser Eiszeit waren Britannien und Irland durch eine Land- oder Eisbrücke verbunden, und als sich vor rund 9000 Jahren die Gletscher zurückbildeten, müssen in Irland hervorragende Lebensbedingungen geherrscht haben. Dann schmolz die Eisdecke, was zu einem enormen Anstieg des Meeresspiegels führte und Irland von England trennte – geografisch – denn historisch und politisch sind Irland und England bis heute aneinander gekettet.
Nicht nur über die Landverbindung sind die ersten Siedler aus England in den westlichen Teil dieser großbritischen Insel gezogen. Auch auf kleinen Schiffen überquerten die Menschen der Mittelsteinzeit die stürmische Irische See. Sie waren Jäger und Sammler, die in Familien und Stammesverbänden lebten. Die frühesten Überreste dieser Zeit sind heute im Norden Irlands zu finden.
In der Zeit um 3000 v. Chr. wurden die Menschen sesshaft und betrieben Ackerbau. Überwältigend sind ihre Hügel- und Ganggräber in Newgrange oder Knowth und Dowth im Tal des Boyne. Das Leben nach dem Tod muss die Menschen zu jener Zeit tief bewegt haben. Die Rätsel der imposanten Anlagen sind noch immer nicht gelöst.
Zur Bronzezeit zwischen 1750 und 500 v. Chr. war Irland die Goldschmiede Europas. Reichhaltige Gold- und Kupfervorkommen ermöglichten ein Handwerk, das in seiner Kunstfertigkeit in der damaligen Zeit einzigartig war und vielleicht noch immer einzigartig ist. Ein Besuch in Irlands Nationalmuseum in Dublin lehrt jeden Besucher das Staunen über diese wunderbaren Arbeiten – golden glänzende Fibeln und Gefäße.

Geheimnisvolles Volk der Kelten

Die größten Spuren in der Geschichte Irlands hinterließen die Kelten. Bis in unsere Tage hinein wirken die Bräuche und Rituale jenes geheimnisvollen Volkes, das, aus Osteuropa kommend, um das 3. Jahrhundert v. Chr. begann, Irland zu besiedeln. Sie waren ein kriegerischer Stamm, der für seine Tapferkeit und Stärke berühmt war. Selbst dem mächtigen Rom lehrten sie das Fürchten, plündernd fielen sie über die prächtige Hauptstadt des Weltreiches her. Von dort, von den Römern, stammen auch die meisten der schriftlichen Überlieferungen, die wir heute von den Kelten haben, da diese hohe Kultur kein Schrifttum kannte. Was über ihre Religion heute bekannt ist, speist sich aus Märchen, Sagen oder Liedern und aus Sekundärquellen, wie Caesars Gallischem Krieg. Faszinierend ist ihr Glaube an die Anderwelt, eine spirituelle Daseinsform, in der die Toten weiterleben und für einen Tag im Jahr auf der Erde verweilen. Über 1000 Jahre herrschten die Kelten in Irland. Ringfestungen sicherten das Land; Druiden, Priester und Rechtsgelehrte erfreuten sich hohen Ansehens. Doch an dem Ort ihrer einstigen Hauptstadt Tara herrscht heute das allgegenwärtige Grün vor – wo sich die keltischen Könige der fünf Provinzen Leinster, Meath, Connaught, Ulster und Munster versammelten, ist kaum eine Spur ihrer vergangenen Größe zu finden.

Das heutige Wissen über die Kelten stammt auch aus christlichen Quellen, denn der heilige Patrick, dem die Christianisierung Irlands zugeschrieben wird (dabei gab es schon Christen in Irland, bevor Patrick das Land betrat), war bei seiner Missionierung so klug, überliefert Keltisches mit neuen christlichen Inhalten zu füllen. So ist die Tradition des katholischen Glaubens in Irland bis heute ungebrochen. Wobei die ursprünglich keltisch-christliche Religionsausübung in ihrer dezentralen Struktur, der römischen Kirche um das 12. Jahrhundert ein Dorn im Auge war. Doch zuvor sollten noch Jahrhunderte vergehen, in denen Irlands Klöster die Studienzentren Europas waren und irische Mönche Berater an vielen zentraleuropäischen Höfen.

Wikinger und Normannen

Die Wikinger hörten von dem ungeheuren Reichtum der irischen Klöster und Abteien. Das 8. Jahrhundert neigte sich seinem Ende entgegen, als sie durch ihre Überfälle Angst, Schrecken und Tod in den Zentren der mittelalterlichen Hochkultur verbreiteten. Obwohl sie des Kämpfens nicht unkundig und als streitbar bekannt waren, gelang es den Bewohnern der Insel nicht, sich gegen äußere Feinde zur Wehr

So wie einst die gallischen Händler im Mittelalter den Wein in den Norden brachten, kann man auch heute noch auf dem Shannon reisen. Nur gemütlicher und bedeutend angenehmer. Per Hausboot den Shannon hinunter, zählt zu den unvergesslichsten Erlebnissen in Irland.

zu setzen. Den starken Männern aus dem hohen Norden in ihren schmalen engen Booten, mit denen diese über die irischen Flüsse ins Innere der Insel vordrangen, konnten sie nur wenig entgegensetzen. Erfindungsreich waren Iren aber in der Flucht. So entstanden die irischen Rundtürme, einzigartige Bauwerke, Spähposten und uneinnehmbare Schutzhütten in einem. Der Eingang lag mehrere Meter über dem Boden und die einzelnen Stockwerke waren nur über schmale Leitern zu erreichen.

Doch mit der Zeit erlagen selbst die finsteren Wikinger dem Zauber der Insel und blieben. Die Iren konnten den Kampfesmut der Wikinger gut gebrauchen, denn nun galt es gegen die Normannen zu Felde zu ziehen. Der gestürzte König von Leinster, Dermot MacMurrough, suchte die Hilfe der Normannen, um die Schmach zu rächen, die ihm sein Erzrivale König Tiernan O'Rourke zugefügt hatte. Der hatte nämlich seine Frau entführt, die noch dazu nicht ganz unfreiwillig mitgegangen sein soll. Mit der Aussicht König von Munster zu werden, betrat sein Verbündeter Richard Gilbert de Clare, genannt Strongblow, mit einem normannischen Heer von der Nachbarinsel irischen Boden. Damit begann der englische Einfluss auf die Insel, der bis in die Gegenwart andauert. Doch erst einmal verhielten sich die mit Strongblow ins Land gekommenen Normannen nicht anders als vormals die Wikinger. Sie ließen sich im Lande nieder, heirateten – kurz: Die Anglo-Normannen ließen sich von den Iren nicht mehr unterscheiden. London war weit und daraus entstand ein rebellischer Geist, mit dem die Engländer nicht gerechnet hatten, als sie glaubten, sie könnten sich das Land mit Hilfe der normannischen Herzöge untertan machen. Die Folge waren die ersten Apartheidsgesetze der Welt. In den Statuten von Kilkenny erklärte es die englische Krone 1366 für illegal, die irische Sprache zu benutzen oder gar das Leben nach irischen Gebräuchen auszurichten. Selbstverständlich waren Mischehen verboten. Doch alles war umsonst. Der Geist Irlands hatte die neuen Siedler erreicht und geprägt.

Kampf für die Unabhängigkeit

Irland zu zähmen und sich gefügig zu machen, das war eine Aufgabe, der sich die Engländer mit allen ihnen zur Verfügung stehenden Kräften widmeten. Strategisch lag die Insel vor allen Dingen für Englands Feinde auf dem Kontinent günstig, so die Überlegung Elizabeths I., die Irland als potentielle Hintertür für ihre Gegner sah. Nach einer Landung in Irland, könnte für diese eine Invasion Englands ein Leichtes sein. Diesem galt es entgegen zu wirken und dies bedeutete für England einen Ausbau seiner Macht auf der Nachbarinsel.

Die Grafschaft Ulster erwies sich dabei als der letzte Rückzugsort der für ihre Unabhängigkeit streitenden Iren. Wo heute jährlich bei den berühmt-berüchtigten Oraniermärschen dafür demonstriert wird, zu England zu gehören, kämpften im zu Ende gehenden 17. Jahrhundert Iren für ihre Freiheit. Indem Elizabeth und ihr Nachfolger James I. Iren enteigneten und dieses Land an schottische und englische Protestanten verteilten, sorgten sie dort für eine Loyalität, die bis in unsere Tage andauert. Plötzlich war die Grafschaft geteilt in England getreue Protestanten und in katholische irische Nationalisten. Damit wurde ein Problem geschaffen, an dessen Lösung selbst amerikanische Präsidenten Ende des 20. Jahrhunderts scheiterten. Die ganze Neuzeit hindurch versuchten die Engländer die Insel mit eiserner Faust zu regieren, allein den Freiheitswillen der Iren konnten sie nicht brechen.

Die große Hungersnot

Tief eingebrannt in die Seelen, in das kollektive Bewusstsein der irischen Nation hat sich die dunkelste Periode der irischen Geschichte: die große Hungersnot, die in den Jahren 1845 bis 1851 zwei Millionen Iren das Leben kostete oder zur Emigration unter den unmenschlichsten Bedingungen zwang. Wer heute durch Belfasts katholische Viertel geht, sieht überdimensionale Wandgemälde, die die Hungersnot gar einem Völkermord gleichsetzen. So hasserfüllt diese Wandgemälde sind, zeigen sie doch, wie präsent die Hungersnot noch immer ist und wie leicht Demagogen sie für ihre Zwecke missbrauchen. Was war wirklich geschehen? Schließlich gab es in ganz Europa zu dieser Zeit Missernten und die Kartoffelfäule befiel auch Pflanzen auf dem Kontinent. Es war wohl die Abhängigkeit der irischen Bauern von ihrem Grundnahrungsmittel, gepaart mit der Ignoranz der Kolonialmacht, die so unermessliches Leid über die Iren brachte. Dazu kam ein rasendes Bevölkerungswachstum in den Dörfern. Um ihre Familien durchzubringen, pflanzten die Bauern auf ihren eigenen winzigen Parzellen Kartoffeln, mit

Zwischen dem 7. und 12. Jahrhundert kamen Mönche aus ganz Europa nach Clonmacnoise, um hier zu beten und zu studieren. Während in Europa noch das dunkle Mittelalter herrschte, erstrahlte Irlands goldene Zeit.

denen sie die hungrigen Mägen besser sättigen konnten als mit Getreide. Sie litten unter hohen Zinsen und selbst, als nahezu die ganze Kartoffelernte zerstört war, beharrten die Engländer auf Getreideexporten. Während englische Siedler großzügig für Verdienste mit Villen und Land belohnt wurden, hauste die einheimische Bevölkerung in unwirtlichen Löchern, kaum würdig, Behausung genannt zu werden. Es war die Aussicht auf den sicheren Tod, die Hunderttausende in jenen Tagen zur Ausreise zwang. Schwimmende Särge hießen die Auswandererboote nach Übersee. Einer Armenfürsorge kamen die Engländer nur sehr beschränkt nach und oftmals unter geradezu absurden Bedingungen. Da wurde die sonntägliche Armensuppe der Kirche nur an solche Iren verteilt, die sich zuvor neu taufen ließen, protestantisch versteht sich.
Mancher katholische Dorfpfarrer in den ländlichen Gemeinden, der dem Sterben und der Flucht aus der Heimat zusehen musste, setzte sich daraufhin verstärkt für die Schulbildung der Kinder ein. Egal, ob bessere Zeiten in Irland kommen würden, oder ob man in der Fremde sein Glück versuchen wollte, die Bildung konnte den Kindern nie mehr genommen werden. Bis heute ist das Land stolz auf sein Schul- und Hochschulsystem. Der Einstieg in die Informationsgesellschaft war so für die gut ausgebildete irische junge Generation ein Leichtes.

Die Teilung Irlands

So viele Demütigungen hatte Irland erlitten, so viele Kämpfe gefochten und so oft versuchten die Engländer den Freiheitswillen der Iren zu brechen, doch auszulöschen war dieser nicht. Es waren die Protestanten Nordirlands, in deren Reihen sich die ersten Organisationen formierten, die vehement einen Verbleib der Insel im Königreich forderten. Der Norden um Belfast war hoch industrialisiert und die Hungersnot fiel vergleichsweise milde aus in dem östlichen Teil der Provinz Ulster. Dem Streben nach Autonomie, das sich überall im Lande bemerkbar machte, setzten die Machthaber in jenem Teil Ulsters ihre Treue zur Krone entgegen, der sie ihren Wohlstand zu verdanken

hatten. Seit 1885 gab es die Ulster Unionists, bald gesellte sich die UVF, die „Unionists Volunteer Forces“ hinzu, eine Organisation, die die Ziele der Unionisten paramilitärisch unterstützte. Dann brach der Erste Weltkrieg aus und viele Iren glaubten, mit einem Beitritt zur britischen Armee die Engländer gnädig zu stimmen und damit der eigenen Republik einen Dienst zu erweisen.

Diesen Dienst, so eine radikale Minderheit der irischen Nationalisten, konnte es nur gegen die Engländer geben und niemals mit ihnen. Am Ostermontag 1916 wollten die Nationalisten Dublin einnehmen. Die Hauptpost wurde zum Regierungssitz erklärt, die irische Unabhängigkeit verkündet und wer sie nachlesen wollte, konnte dies an Bäumen, Hauswänden oder öffentlichen Gebäuden tun. Die Stadt war mit der Unabhängigkeitserklärung bepflastert. Der Osteraufstand war jedoch wenig durchdacht und selbst unter den Einwohnern Dublins stießen die Rebellen auf wenig Sympathie. Die Engländer waren es, die den Freiheitskampf der Iren letztendlich durch ihr brutales Vorgehen gegen die Aufständischen entfachten. 77 Gefangene hatten sie zum Tode verurteilt und damit zu unsterblichen Märtyrern für die irische Sache gemacht. Schlagartig änderte sich die Stimmung in der Bevölkerung.

Sinn Féin, die republikanische Partei der irischen Nationalisten, siegte mit überwältigender Mehrheit bei den Wahlen des Jahres 1918. Bisher schickte Irland seine Abgeordneten nach London, jetzt aber weigerten sich die neu gewählten Parlamentarier Irland zu verlassen und eröffneten in Dublins Mansion House den ersten Dáil Éireann, das irische Abgeordnetenhaus. Zeitgleich wurden zwei Polizisten auf dem Lande erschossen, was für die Engländer Anlass war, militärisch gegen die rebellierenden Iren vorzugehen. Am Ende dieses blutigen Konfliktes stand die Teilung der Insel. Die mehrheitlich protestantische Provinz Ulster wurde vom übrigen mehrheitlich katholischen Irland getrennt und erhielt im Rahmen einer Union mit Großbritannien ein eigenes Parlament und eine eigene Regierung. Doch diese protestantisch-probritische Regierung verweigerte jahrzehntelang der katholischen Minderheit elementare Grundrechte. Auf Forderungen von Bürgerrechtsbewegungen nach Gleichberechtigung und Integration Ende der 1960er-Jahre reagierte der Staat und zur Unterstützung herbeigerufene britische Truppen mit Gewalt. Ein Angriff militanter protestantischer Gruppen auf ein katholisches Wohnviertel in Londonderry und Belfast führte dann zu blutigen Zusammenstößen, aus denen bürgerkriegsähnliche Zustände in Nordirland erwuchsen.

Eyeries liegt auf der Beara Halbinsel am Kenmare River und ist das bunteste Dorf Irlands. Jedes Haus ist in einer anderen schreienden Farbe angemalt – selbst die Kirche erstrahlt in einem leuchtenden Gelb.

Bemühen um Versöhnung

Wer die Warmherzigkeit und die Güte der Iren lieben gelernt hat, ihre Fähigkeit, jeden in das irische Lebensgefühl mitaufzunehmen, der steht dem Hass in Belfasts Straßen fassungslos gegenüber. Aber natürlich sind die Iren Iren, ob katholisch oder protestantisch, sie reden gerne, lachen, feiern, jedoch nur in ihren Vierteln, nie in den Vierteln der anderen. Immer wieder regte sich ein kleines Pflänzchen der Hoffnung, sei es 1976 der Friedensnobelpreis für Betty Williams und Mairead Corrigan Maguire, den Mitbegründerinnen der „Community of Peace People“, oder 1998 an John Hume und David Trimble. Es sah so aus, als würde mit dem Karfreitagsabkommen vom 10. April 1998 Nordirland zum Frieden finden. Alle am Konflikt beteiligten Parteien hatten einen Kontrakt unterschrieben, zum ersten Mal war Verzicht auf allen Seiten festgeschrieben worden. Die Parteien gingen aufeinander zu. Die Republik verzichtete auf den Wiedervereinigungsabsatz in ihrer Verfassung, die militaristischen Organisationen der Konfliktparteien auf ihre Waffen und England versprach die Freilassung von Gefangenen. Ob die Hoffnung berechtigt ist, die mit dem Abkommen verbunden ist, wird sich zeigen. Der Kontrakt weist den Weg in den Frieden. Heinrich Böll hatte sich einst sein Ferienhaus deshalb auf Irland gewählt, weil, wie er sagte, von diesem Land niemals zuvor ein Krieg ausgegangen sei. Der Krieg im Nordosten, der seit dreißig Jahren über 3600 Menschen das Leben kostete, lag damals noch in weiter Ferne.

Seite 22/23: *„Die fünf Finger“ haben die Iren die südwestlichste Küste der Insel genannt – wie eine Hand ragen die fünf Halbinseln in den Atlantik hinein. Der warme Golfstrom beschert der Region eine ungeheure Pflanzenvielfalt, die andererseits im reizvollen Gegensatz zur Kargheit der irischen Landschaft, hier die Halbinsel Beara, steht.*

Seite 24/25: *Nicht immer war die Gegend des Burren so unwirtlich wie heute. Schon vor 4000 Jahren haben hier Menschen gelebt. Alpine und mediterrane Pflanzen überlebten die Erosion in den Spalten des Kalkplateaus in ungewohnter Nachbarschaft.*

Im Bann der Zeit – Dublin und Umgebung

Was hier so mannhaft dem Sturm trotzt, ist Europas und vielleicht sogar der Welt ältester Leuchtturm. Mönche hatten hier im 5. Jahrhundert ein Leuchtfeuer errichtet, was den Wikingern später die Landung sehr erleichterte. Das Feuer blieb und wurde im 12. Jahrhundert als Leuchtturm ausgebaut.

Zeit, so heißt es, würden die Iren im Überfluss besitzen. Wer Dublin, die quirlige Hauptstadt der Republik Irland, während der Rushhour erlebt, mag es sich nicht recht vorstellen. Auch die Dubliner eilen von einem Ende ihrer Stadt zum anderen, vorbei an dutzenden von Plätzen und Straßen, die alle Namen berühmter irischer Freiheitskämpfer tragen, oder vorbei an einzigartigen Kulturgütern, wie dem Trinity College, in dem das Book of Kells verwahrt wird. Dies alles mag geschichtsträchtig sein, doch trifft es das Wesen der Stadt nur am Rande.
Dublin erleben heißt sich treiben lassen von einem Pulk von wildfremden Menschen, die sich plötzlich so nahe sind, als stünden sie zu Hause auf dem Dorfplatz. Die Stadt lebt nicht von ihrer Vergangenheit, sie lebt in ihrer Gegenwart. Dublin ist eine junge Stadt und so mag es kaum verwundern, dass die Historie um den braunen Gerstensaft mit der cremigen Krone mehr Besucher anzieht, als der goldene Schmuck aus der Keltenzeit im Irischen Nationalmuseum, mag er noch so faszinierend sein. Für England soll Dublin zeitweise die zweitwichtigste Stadt seines Imperiums gewesen sein. Die englische Küste ist hier im Osten nicht weit und England glaubte, durch seine mächtige Präsenz die unruhigen Iren in Schach halten zu können.
Nicht weit von Dublin entfernt, südwärts in den Wicklow Mountains, sind letzte Überreste jenes irischen goldenen Zeitalters zu bestaunen, dessen Einflüsse in ganz Europa spürbar waren. Hier in Glendalough ist dieses speziell irische Übermaß an Zeit wieder zu spüren. Die Ruinen der Klöster, die Hochkreuze mit ihren bilderreichen Illustrationen, das Wissen um die Gelehrsamkeit der hier wirkenden Menschen scheinen Schnelllebigkeit und Oberflächlichkeit von diesen Orten zu verbannen.

Oben:
Custom House, das frühere Hauptzollamt in Dublin, ist ein Meisterwerk neoklassizistischer Architektur. 114 Meter lang erstreckt es sich in der Nähe der Butt Bridge am Ufer des Liffey. In den Wirren des Bürgerkriegs 1921 abgebrannt, erstrahlt es seil der Restaurierung 1991 wieder in alter Pracht.

Rechts:
Überall gibt es in der irischen Hauptstadt etwas zu sehen. Glaspaläste stehen neben alter irischer Architektur. Diese Stadt ist lebendig und im Aufbruch, das spürt man fast in jedem Winkel.

Links:
Eigentlich heißt diese Fußgängerbrücke Liffey Bridge. Die Dubliner nennen sie aber nur Half Penny Bridge und halten so die Erinnerung an den Wegezoll wach, den einst derjenige zu entrichten hatte, der hier den Fluss überqueren wollte.

Unten:
Dublin ist eine blühende Metropole, in der mittlerweile ein Drittel der Bewohner der irischen Republik zu Hause sind. Gegründet wurde sie von den Wikingern, wo Liffey und Poodle zusammenflossen. Noch immer zehrt Dublin von seiner Bedeutung als Handelsstadt.

Unten:
Temple Bar heißt der jüngste und lebendigste Bezirk Dublins. Trendige Geschäfte, kleine Museen, interessante Galerien und eine Vielzahl von Pubs ziehen die Besucher an.

Rechts oben:
Auch wenn die Zahl der Pubs mit Charakter gerade in diesem Vergnügungsviertel zurückgeht – wer sich auf die Suche nach einem echten Pub in Dublin macht, wird immer noch fündig.

Rechts Mitte:
Die größten Kleinode dieser irischen Lebensart lassen sich jedoch in der Provinz finden, wie hier in Abbeyleix.

Rechts unten:
Die Zeiten, in denen die Pubs den Männern vorbehalten waren, sind zum Glück vorbei. Männer und Frauen, Geschäftsleute und Landbevölkerung, Einheimische und Touristen stehen heute gemeinsam am Tresen.

Rechts:
Fast 100 Meter misst die größte Kathedrale Dublins. 1213 beschloss Erzbischof Henry aus London, St. Patrick den Rang einer Kathedrale zu verleihen. Gebaut wurde dieses reformierte Gotteshaus übrigens fast ausschließlich mit Maurern aus London.

Unten:
Die im neugotischen Stil Englands gebaute St. Patrick's Cathedral beherbergt die letzte Ruhestätte des berühmtesten Dekans dieser Kirche: Jonathan Swift. Den Verfasser zahlreicher satirischer Schriften kennen viele nur als Kinderbuchautoren.

Oben:
Die Bibliothek am Trinity College ist ein Hort des abendländischen Wissens. Hier ist jedes Buch zu finden, das auf den britischen Inseln je gedruckt worden ist. Und dies nicht erst seit 1801, als die Verfügung hierfür erlassen wurde.

Links:
Bereits 1892 waren erste Umbauten an der Bibliothek des Trinity College erforderlich, um Platz für neue Bestände zu schaffen. Der letzte Umbau stammt aus dem Jahr 1992. Die heute drei Millionen Exemplare können schon lange nicht mehr am College untergebracht werden, sie sind auf ganz Dublin verteilt.

Riesen, Abenteurer und Gespenster – irische Literatur

Sie ist eine der schönsten Geschichten in jedem Reiseführer, die Geschichte um die Entstehung des Giant's Causeway in der Grafschaft Antrim in Nordirland. Ein Riese soll ihn nämlich gebaut haben auf dem Weg zu seinem Rivalen in Schottland. Der angebliche Bauherr ist Finn MacCumhal, Hundeführer und Haushaltsvorsteher von König Cormac und Held vieler Sagen und Balladen, die im irischen Mittelalter besonders von den einfachen Leuten gerne gehört wurden. Schließlich war er einer der ihren, dieser Jagdmeister, der so erstaunliche Taten vollbrachte.

Iren lauschten von jeher gerne Geschichten, märchenhaften oder aristokratisch-edlen, und sie erzählten gerne welche. Und sie tun dies noch heute. Die Liebe zur Sprache wird wie so manches andere der keltischen Kultur zugeschrieben, der großen mündlichen Tradition, als die Barden von Dorf zu Dorf zogen, Lieder sangen und dabei Nachrichten von auswärts überbrachten. Daraus hat sich nicht nur die Liebe zum Erzählen im Pub erhalten, die Iren bereichern die Weltliteratur mit großartigen Dichtern und Dramatikern. Die Arbeit eines ganzen langen Studienjahres soll sich der fleißige Student der englischen Literatur sparen können, wenn die Werke der irischen Dichter in seinem Studium keine Beachtung fänden. Aber welch große Werke würden der englischen Sprache dann fehlen!

Dekan Jonathan Swift würde sich im Grabe umdrehen, wenn er wüsste, dass sein Gulliver heute in den Kinderzimmern seine Reisen unternimmt. Beißend scharfe Satire ist die Erzählung um den arglosen Gulliver, der nach seinen phantastischen Abenteuern ein von der Menschheit enttäuschter Misanthrop geworden ist. Nichts hat dieser Bericht von seinem Spott verloren und dies seit mehr als dreihundert Jahren. Auch Bram Stokers Dracula stammt aus Irland, genauso wie der Schöngeist Oscar Wilde.

Der erste große Roman der Moderne

Ulysses gilt als der erste große Roman der Moderne und James Joyce setzte mit diesem Werk seiner Heimatstadt ein literarisches Denkmal. Einen Nobelpreis hat der Sohn Dublins nie erhalten, zu kühn war diese literarische Montage, die sich über einen einzigen Tag im Leben des Leopold Bloom erstreckt. Vier andere Dichter waren es, die, mit den Lorbeeren des schwedischen Komitees geehrt, den Ruhm Dublins mehrten und so die Stadt zur literarischsten Stadt der Welt erkoren. Während die Gedichte von William Butler Yeats an die keltische Tradition von der beseelten Natur anknüpfen wollten und Samuel Beckett mit seinem Stück „Warten auf Godot" dem absurden Theater zuzuschreiben ist, zeigt sich vor allem bei George Bernard Shaw, warum es die Iren so gut verstehen, die Leute mit ihren Geschichten zu faszinieren. Sie nehmen das Leben, die Menschen und sich selbst nicht zu ernst. Sie erzählen Geschichten, bei denen das eine Auge lacht und das andere weint. Wie in den Erinnerungen des Amerikaners Frank McCourt an seine Kindheit im Limerick der Zwanzigerjahre. Auch wenn dieses Buch zunächst in Limerick gar nicht gerne gesehen war, bietet die Stadt mittlerweile Touren auf den Spuren des kleinen Frank an. Die Kindheitserinnerungen Roddy Doyles sind im Norden Dublins angesiedelt und handeln einmal mehr von der Schwierigkeit erwachsen zu werden. Er schaut liebevoll auf seine Alltagshelden, die einfach nur durchkommen wollen, allen Widrigkeiten zum Trotz. Wer sich in Familiengeschichten verlieren möchte, vor Irlands großartiger Kulisse, der kann zu den Büchern von Maeve Binchy greifen, deren Geschichten ein Millionenpublikum in aller Welt entzücken.

Die Literatur Nordirlands ist von der Auseinandersetzung mit den seit dreißig Jahren anhaltenden Unruhen im britischen Teil der Insel geprägt. Für Idylle im Stile Maeve Binchys ist hier kein Platz, in den Romanen spiegelt sich die ganze Ausweglosigkeit des Nordens. Seamus Heaney, Lyriker und der vorläufig letzte der irischen Nobelpreisträger, sah deshalb nur einen Weg: Er siedelte um nach Dublin. Womit Großbritannien um einen Nobelpreisträger ärmer und Dublin um einen reicher wurde.

Links:
In Paris studierte John Millington Synge (1871–1909) keltische Philologie, bevor er sich auf den Aran-Inseln der irischen Volksdichtung und Mythologie zuwandte.

Oben:
James Joyce (1882–1941) ist der berühmteste Literat seiner Stadt, obwohl er Dublin schon 1902 verließ. Mit seinem Ulysses schuf er den ersten Roman der Moderne und das größte literarische Denkmal für seine Geburtsstadt.

Kleine Bilder rechts, von oben nach unten: *Jonathan Swift (1667–1745) ist der berühmteste Dekan von St. Patrick in Dublin. Er verließ seine Geburtsstadt, weil er glaubte, hier sei ihm kein Erfolg beschieden.*

Auch George Bernard Shaw (1856–1950) verließ seine Geburtsstadt Dublin und kam in London zu literarischem Erfolg. 1925 wurde der Autor zahlreicher Dramen mit dem Nobelpreis ausgezeichnet.

William Butler Yeats (1865–1939) war der erste Ire, der den Literaturnobelpreis erhielt, „für seine ständig beseelte Dichtung, die in der strengsten künstlerischen Form dem Geiste eines Volkes Ausdruck verleiht“.

„Ich habe einen ganz einfachen Geschmack: Ich bin immer mit dem Besten zufrieden.“ Oscar Wilde (1854–1900) war Vertreter einer L'art pour l'art Literatur und schöngeistiger Paradiesvogel.

Nur durch die bunten Türen unterscheiden sich die Häuser mit ihrer einheitlichen Fassadengestaltung am Merrion Square, besterhaltenes Beispiel georgianischer Architektur. Die Gestaltung dieses Platzes ist das Ergebnis der ersten Stadtplanungskommission Europas von 1757.

Was hier wie ein Relikt aus vergangenen Zeiten erscheint, ist der letzte Fahrer des Dubliner Großmarktes, der seine Waren noch per Pferdekutsche liefert. Möglicherweise ist er aber auch Angestellter des städtischen Tourismusbüros.

Oben:
Früher wurde hier das berühmte irische Bier gebraut. Heute beherbergt das Gebäude das „Guinness Storehouse". Kein Ort in ganz Irland verzeichnet größere Touristenströme als dieses Museum, welches Bier und Firmengründer beinahe mystisch verklärt.

Links:
Wer einmal in Dublins Rush Hour unterwegs war, der weiß den Grund, wieso die irischen Taxifahrer einen eigenen Heiligen haben. Seit nun in Irland von Meilen auf Kilometer umgestellt wurde, wird wohl sein Beistand verstärkt von Nöten sein.

50

19

Links:
Immer ist irgendwo ein Pferderennen, wie hier in Wexford. An 250 Tagen finden auf 27 irischen Pferderennbahnen Rennen statt. Die Mischung aus Sportereignis und Jahrmarkt ist ein Erlebnis.

Unten:
Gewettet wird bei Pferderennen immer und viel. Entweder bei den „totes“, so heißen die Wettbüros, oder vielleicht bei einem „bookmaker“ oder „bookie“, einem Wettvermittler, eine ganz einzigartige Institution.

Unten:
Den Charme von Ascot kann man auch bei einem Pferderennen in Irland spüren. Obwohl hier jeder, egal welchen Standes, zum Rennen geht. Und während die Männer wetten, unterhalten sich die Frauen über die wichtigen Dinge des Lebens.

Links:
Von Mitte März bis Anfang November haben die Jockeys Saison, in dieser Zeit müssen Pferd und Reiter ihre Leistung bringen. Da heißt es, auf den Punkt fit zu sein.

Oben:
Sehen und gesehen werden: Ein Pferderennen ist ein gesellschaftliches Ereignis, bei dem der Sport nicht unbedingt die wichtigste Rolle spielt.

Oben:
Während die einen nur Zuschauer sind, reißt die ungeheure Dynamik eines Rennens die Sport begeisterten mit. Vielleicht hat man ja auch gewettet, und dann hängt von Sieg oder Niederlage einiges ab.

Oben:
Dieser umgrenzte 13 Meter hohe Hügel (irisch: Cairn, Steinhaufen) liegt im Tal des Boyne, County Meath. 80 Meter misst die Anlage von Newgrange im Durchmesser, sie ist eine der bemerkenswertesten vorzeitlichen Stätten in ganz Europa. Noch immer gibt sie den Archäologen Rätsel auf.

Rechts:
Auch diese Ruinen zeugen von längst vergangenen Zeiten, als die Kultur der irischen Klöster, die Überreste hier stammen von dem Kloster Clonmacnoise, bestimmend war für ganz Europa. Im 4. bis 5. Jahrhundert war die Blütezeit dieser Klöster.

Links:
Durch das Loch oberhalb der Tür dringt beim Sonnenaufgang an der Wintersonnenwende ein Lichtstrahl in die Dunkelheit des Cairn von Newgrange und erleuchtet einen bestimmten Stein. Diese kalendarische Bedeutung lässt die Forscher zweifeln, ob es sich tatsächlich um eine Grabstätte handelt.

Unten:
Die kreisrunden Reliefs auf diesen Steinkreuzen in Clonmacnoise ließen Wissenschaftler an den Sonnenkult Echnatons denken. Wieweit sich der verbotene Sonnenkult über die Jahrhunderte erhalten hat, ist nur Spekulation.

Links:
Über tausend Jahre war dieser Felsen, der Rock of Cashel, und die darauf gebaute Burg ein Symbol für Macht. 1647 eroberte sie Cromwells Armee. Die protestantische Kirche übernahm noch einmal im frühen 18. Jahrhundert Fels und Burg für 20 Jahre als Herrschaftssitz, bevor die Anlage verfiel.

Unten:
Im Hintergrund sieht man die romanischen Verzierungen von Cormac's Chapel. Bevor die MacCarthys Cashel verließen, baute Cormac MacCarthy diese Kapelle und schenkte sie der Kirche als dem neuen Herren des Rock of Cashel.

Oben:
Unweit von Kilkenny liegt Jerpoint Abbey, eine der schönsten Zisterzienser-Abteien Irlands. Der Kreuzgang ist aus dem 15. Jahrhundert. Nach einer Legende soll hier St. Nikolaus begraben sein. Die Ritter der Kreuzzüge sollen seine Gebeine aus Myra mitgebracht und hier bestattet haben.

Seite 44/45:
Neben dem Rundturm des Klosters Glendalough stehen die Überreste der Kathedrale, die das zweitgrößte, vor dem 12. Jahrhundert erbaute Gebäude in Irland war. Die Spitze des Turms wurde Ende des 19. Jahrhunderts restauriert.

Rechts:
Wer im 19. Jahrhundert, besonders während der großen Hungersnot, bis hierher nach Cobh im Südwesten kam, der hatte mit seinem Leben in Irland abgeschlossen. Von hier legten die großen Auswandererschiffe ab, die den Verzweifelten in Übersee eine neue Heimat versprachen.

Rechts und ganz rechts:
Auf der Halbinsel Kerry leben die Menschen noch immer von der Landwirtschaft. Immer mittwochs findet in Skibbereen eine Viehauktion statt, bei der sich Anbieter und Käufer aus der ganzen Region treffen.

Rechts und ganz rechts:
Pittoresk ist Skibbereen, bunt und lebensfroh, eine Einkaufsstadt für die ganze Region. Traurige Berühmtheit errang der Ort durch den Exodus der Hälfte seiner Bevölkerung während der großen Hungersnot. Bis in die 1970er-Jahre suchten Iren ihr Glück im Ausland. Heute kehren viele Nachfahren der ehemaligen Auswanderer wieder nach Irland zurück.

Oben:
Der erste Lord of Bantry, Besitzer dieses Hauses, hieß ganz profan Richard White und war ein Siedler aus England. Weil er die Engländer vor der Landung der Franzosen gewarnt hatte, wurde er in den Adelsstand erhoben.

Links:
Cobh, die Hafenstadt von Cork, hieß lange Zeit Queenstown. Zu Ehren von Queen Victoria, die hier ihren ersten Besuch in Irland begann. Die Sirius, das erste Dampfboot, das den Atlantik überquerte, und auch die Titanic starteten von hier.

Die Vielseitigkeit des Südens

Als Kulisse für Filme könnte Eyeries auf der Halbinsel Beara dienen, so hübsch ist dieses Städtlein schon von Weitem anzusehen.

Unermüdlich entlassen während der Saison die riesigen Fähren in Rosslare Besucher an Land, die sich von hier aufmachen, die Insel zu erkunden. Viele suchen den direkten Weg zu Irlands spektakulärer Westküste, dabei bietet schon der Süden Sehenswertes an unzähligen Orten. In verträumten Buchten senden Leuchttürme wie seit ehedem Signale aus, und nicht weit von den ausgetretenen Pfaden entdeckt man kleine verschlafene Dörfer, von denen man annehmen könnte, sie hätten den Anschluss an die Neuzeit verpasst. Badestrände laden in den Sommermonaten zum Entspannen ein und Berge, die annähernd 1000 Meter hoch sind, versprechen anspruchsvolle Wandererlebnisse. In pittoresken kleinen Hafenstädten lässt sich gut verweilen, überhaupt lässt es sich an der Südküste gut leben. Dieser Meinung waren schon die Wikinger, die sich hier im neunten Jahrhundert niederließen.

Hier finden sich alte Abteien, Ruinen, von denen Oliver Cromwells Truppen nicht mehr als die bloßen Wände stehen ließen. Hier, nicht weit von der Universitätsstadt Cork entfernt, ragt steil der Rock of Cashel in die Höhe, vierhundert lange Jahre herrschten von diesem erhabenen Ort die irischen Hochkönige, bevor der „Fels der Stärke", so die Bedeutung des gälischen Wortes, der Kirche überlassen wurde. Unendlich weit schweift der Blick von hier oben ins Landesinnere, wo auf grünen Feldern Kühe grasen. Noch immer dominiert im südwestlichen Teil der Insel die Landwirtschaft. Hier wird die berühmte Butter gewonnen, die für Feinschmecker in aller Herren Länder ein Begriff ist.

Oben:
Schon von Weitem könnte man dem Charme von Eyeries erliegen, doch sein ganzer Liebreiz liegt in der bunten Fassadenfront, die dem Grün der Landschaft viel Lebensfreude entgegensetzt.

Rechts:
In den Läden von Eyeries scheint man alle Zeit der Welt zu haben. Da treffen sich die Bewohner zum Schwatz und Besucher werden sofort ins Gespräch miteinbezogen.

Links:
Kenmare, das bezaubernde Städtchen an der Mündung des Roughty in den Kenmare River, liegt von Bergen umgeben auf der Halbinsel Iveragh. Selbst eine Bergwacht gibt es hier, die ab und an auch zu Einsätzen gerufen wird.

Unten:
Alle Äußerlichkeiten sind nur Illusion – so etwas muss den Maler dieser herrlichen Fassade in Anascaul auf der Halbinsel Dingle angetrieben haben. Wer nur die Fassade kennt, weiß nichts vom Pub drinnen mit seinem herrlichen Torffeuer und seiner gemütlichen Atmosphäre.

Unten:
Die Halbinsel Beara ist der dritte der fünf Finger, die von Irland aus in den Atlantik reichen. Was die Insel an Schönheit bietet, hier gibt es alles im Überfluss.

Seite 54/55:
Schon von Weitem sieht man die bunten Häuser von Allihies auf der Beara Halbinsel. Bis 1962 wurde hier Kupfer gefördert und nachdem die Minen geschlossen waren, fiel das Dorf in einen Dornröschenschlaf – so konnte es seinen Charme bewahren.

Rechts oben:
Portmagee ist ein kleines Städtchen, das schon hektischere Zeiten gesehen hat. Damals, als das erste Transatlantikkabel von hier nach Neufundland verlegt wurde. Die Besucher von Portmagee sind meist auf der Durchreise, nach Valentia Island oder auf die Skellig Islands.

Rechts Mitte und unten:
Fast alpines Gelände und endlose Weiten – die Halbinsel Beara bietet alles gleichzeitig. Wo, wenn nicht hier, sind die vierzig verschiedenen Grüntöne zu finden, die die irische Landschaft angeblich besitzen soll.

Oben:
Auf Skellig Michael, der größeren der beiden Skellig Inseln, haben Mönche vom 6. bis ins 12. Jahrhundert in allerstrengster Askese gelebt. In diesen „Bienenhütten“ wohnten und beteten sie. Die größte maß gerade einmal 4,5 auf 3,6 Meter.

Rechts:
Papageientaucher auf Little Skellig, das ein Paradies für Vogelfreunde ist. 20 000 Seevögelpaare brüten hier. Little Skellig ist so die zweitgrößte Brutkolonie der ganzen Welt.

Oben:
Sechshundert Stufen haben die Mönche in den Fels der unwirtlichen großen Skellig Insel geschlagen, um den 150 Meter hohen Gipfel zu erreichen. Wie alle hoch gelegenen religiösen Stätten ist die Insel dem Erzengel Michael geweiht, der die Schlangen aus Irland vertrieben haben soll.

Links:
Die Wehranlage Staigue Fort unweit des kleinen Städtchens Castlecove, Halbinsel Kerry, stammt aus der Eisenzeit. Sie misst 27 Meter im Durchmesser, ihre Steinblöcke sind vier Meter dick. Im Inneren gelangt man über ein seltsames Treppensystem zum Wehrgang.

Oben:
Die Lehren und Erfahrungen der koptischen Kirche in Ägypten waren es, denen die Mönche des heiligen Finian im 6. Jahrhundert nachfolgten, als sie den beschwerlichen Weg auf sich nahmen und zu den Skellig Inseln aufbrachen.

Rechts:
Die Küste ist stürmisch und bewegt. Wie so manches in der Geschichte, die Europa und Amerika verbindet. Wer hier am Slea Head steht, der weiß Europa hinter sich und vor sich nur den Atlantik und irgendwann einmal Amerika.

Seite 58/59:
Zu den spektakulärsten Ansichten Irlands gehören die Skellig Islands, die sich scheinbar unzugänglich und abweisend vor der Küste von Kerry aus dem blauen Meer erheben.

Links:
Valentia Island, die kleine Insel vor der Halbinsel Dingle, verdankt ihren Namen keineswegs der spanischen Stadt, dafür ist sie auch entschieden zu kahl. Ein irisches Wort wurde umgeformt, damit es die Engländer ohne Mühe aussprechen konnten.

Unten:
Zum einen ist es dieses Gefühl, nur noch Amerika vor sich zu haben, was Slea Head seinen ganz besonderen Reiz beschert. Zum anderen sind es wilde Küstenformationen, voller kreischender Seevögel und eine Einsamkeit, die den Besucher auf sich selbst zurückwirft.

Unten:
Wer heute durch Dingle schlendert, spürt nicht mehr viel von seiner ehemaligen Bedeutung als Handelszentrum. Die Truppen Cromwells und Elizabeth I. haben von den damaligen Gebäuden nichts übrig gelassen. Heute ist Dingle ein beliebter Ferienort.

Rechts oben:
Und Guinness gibt es natürlich auch hier in Dingle, wo in jedem Pub reger Betrieb herrscht.

Rechts Mitte:
Fast museal ist Dick Mac's in Dingle zu nennen. Bis in die 1990er-Jahre wurden hier gleichzeitig Schuhe

repariert und Bier gezapft. Viele Hollywoodgrößen sind auf ihrem Irlandbesuch bei Dick Mac vorbeigekommen.

Rechts unten: *Dieses Separée, in welchem der freundliche Mann sein Pint trinkt, heißt „snug" und war früher den Frauen und Priestern vorbehalten. Heute herrscht gerade in Dingle in allen Pubs ein kosmopolitisches Flair und jeder findet Platz am Tresen.*

Typisch irisch – Pubs und Guinness

Kneipen gibt es überall auf der Welt – die Pubs in Irland dagegen sind einmalig. Sie sind für die irische Kultur so wichtig wie Klöster und Literaten. Dort, in diesen „patentierten Orten des Kults“, so der Dichter Flann O'Brien, konzentrieren sich alle Aspekte des Lebens. Wo sonst sollten erste Pläne für den Osteraufstand des Jahres 1916 geschmiedet worden sein oder die irischen Dichter ihre Inspirationen für ihre treffenden Geschichten und Geschichtchen gefunden haben.

Aus dem Jahre 1688 stammt der älteste irische Pub, und noch immer wird dort Whiskey ausgeschenkt wie schon zu seiner Gründerzeit, als diese „öffentlichen Häuser“ für die englische und irische Aristokratie erbaut wurden, die ihr geschäftiges Leben in den Städten unterbrachen, um auf dem Land nach dem Rechten zu sehen. Den feinen Herren wurde zu ihrem Essen nicht nur simples Wasser serviert. Schließlich rühmen sich die Iren mit dem „uisce beatha“, gälisch für „Lebenswasser“, ein Elixier gefunden zu haben, dem sie magische Kräfte nachsagten.

Die findige Kolonialmacht erkannte recht bald, wie wichtig den Iren ihr „acqua vitae“ war. Kurzum, sie erhoben eine Steuer: Künftig sollte nur dort getrunken werden, wo das Siegel der königlichen Lizenz prangte. Was die Iren überhaupt nicht einsahen. Schwarzbrennereien schossen aus dem Boden, und wo deren Resultate degustiert werden konnten, sprach sich herum. Andere lieferten den so gewonnenen „poitin“ im ganzen Land aus. Was die Engländer wiederum mit einer umfassenden Verfolgung ahndeten, die wenig erfolgreich war. Denn die Polizisten konnten die Steuer auf das irischste aller Getränke genauso wenig nachvollziehen wie die restliche Bevölkerung.

Siegeszug eines Bieres

Doch als die typischsten Getränke gelten Bushmills, Tullamore Dew oder Jameson schon eine ganze Weile nicht mehr. Das irischste aller Getränke ist schwarz, hat eine cremige Krone und wird mittlerweile in der ganzen Welt verkauft. Die Geschichte des irischen Bierbrauers Arthur Guinness ist eine der schönsten Wirtschaftsgeschichten der Welt: Im Jahre 1759 pachtete dieser eine Dubliner Brauerei und braute mit großem Erfolg ein dunkles Bier, das er in London als Porter bei den Hafenarbeitern kennengelernt hatte. Arthur Guinness wurde der Ahnherr eines weltweit operierenden Nahrungsmittelkonzerns, welcher längst seinen Firmensitz nach London verlegt hat. Mancher Wirt weiß noch von Zeiten zu berichten, bevor Guinness seinen Siegeszug um die Welt angetreten hatte. Das war die Zeit „before Guinness took over“ – mittlerweile gehören alle irischen Brauereien dem Konzern, egal ob sie helles Lager oder dunkles Extra Stout herstellen. Grund für den Erfolg mag die Qualität sein und spätestens nach dem dritten Pint, in Irland getrunken, mag hier jeder zustimmen. Ein weiterer Grund für den riesigen Erfolg des schwarzen Gebräus liegt in einer beispiellosen Werbekampagne in den zwanziger Jahren. Demoskopen hatten mit einem immensen Aufwand Bedürfnisse erforscht, um nur eines herauszufinden: „Guinness is good for you.“ Seither prangt dieser Satz allüberall auf Wänden und Schildern in der ganzen Republik.

Die Pubs waren schon immer mehr als bloße Lokalitäten, in denen man etwas trinken kann. Gerade auf dem Lande schenkte der Pubbesitzer nicht nur Bier und Whiskey aus, er versorgte die Menschen mit allem Notwendigen, seien es Strümpfe, Süßigkeiten, Schuhe oder Seife. Sie sind rar geworden, diese „Pubs and Grocerys“, wo das Stout neben Kartoffeln verkauft, Whiskey getrunken und nebenan der Schuh repariert wird.

Die Renovierungswut, bei der so viele Kneipen ihre wertvolle Mahagoni-Täfelung gegen abwischbares Resopal eintauschten, hat ihren Höhepunkt zum Glück überschritten. Dass es auch anders geht, zeigt O'Connors in Doolin. Einige Erweiterungen hat der Pub hinter sich, reagierte damit auf seine Beliebtheit und blieb sich dennoch treu. O'Connors gilt zudem als der Ort, von welchem die irische Folkmusik in den sechziger Jahren die Welt eroberte. Wenn Fiddle und Bodhran, Akkordeon oder Banjo erklingen, wenn „Sean Nós“, der schwermütige Sologesang in Gälisch, den Raum erfüllt, dann ist diese Musik nicht nur Musik, dann ist sie Teil des irischen Selbstverständnisses.

Links:
Dieses Juwel der Pubkultur steht in Belfast, unweit des Bahnhofs. Pompös viktorianisch mit getöntem Glas und Fayence-Kacheln ist der Crown Liquor Saloon eingerichtet.

Oben:
0,56 Liter reines Naturprodukt stehen hier auf dem Tresen. Nichts als gemälzte und geröstete Gerste, Hopfen, Hefe und Wasser. Der Pro-Kopf Bier-

verbrauch ist in Irland kaum größer als in Deutschland. Doch man trinkt in Irland öffentlich, wie hier bei Morrissey's in Abbeyleix, selten zu Hause auf dem Sofa.

Rechts oben: *Die Variationen zum Thema Guinness-Werbung sind unerschöpflich. Eine beispiellose Kampagne ließ das braune Stout zu dem werden, was es heute ist: ein Symbol für Irland schlechthin.*

Rechts Mitte: *Im Crown Liquor Saloon in Belfast verkehren vor allem Schauspieler, Kunststudenten und – Touristen.*

Rechts: *Ein Pub ist eine Welt für sich. Wenn diese Institution so voller Atmosphäre ist, wie bei Hargadon's in Sligo, dann ergibt sich die irische Lebensart von ganz allein.*

Oben:
In einem weit angelegten Park von rund 10 000 Hektar, dem Killarney Nationalpark, County Munster, erhebt sich stolz Muckross House. Ein Herrensitz aus dem 19. Jahrhundert, streng im neugotischen englischen Stil gehalten.

Rechts:
Die Einrichtung von Muckross House zeigt den Lebensstil des Landadels in vergangener Zeit. So könnte das Zimmer ungefähr ausgesehen haben, in dem Queen Victoria 1861 hier übernachtete.

Oben:
Riesige Rhododendren-büsche neben tropischen Bäumen, die aufgrund des milden Golfstromes in Irland vortrefflich gedeihen: Der Park von Muckross House ist ein Refugium nicht nur für Gartenfreunde.

Links:
Ruderboote auf einem Fluss in der Gegend um Killarney – die älteste Ferienregion Irlands und dementsprechend belebt. Alles wird getan, um dem Gast den Aufenthalt so abwechslungsreich wie möglich zu gestalten.

Unten:
War es einst Zeichen des Wohlstands einer schmalen Bevölkerungsschicht, ist es heute Ausstellungsstück: das Porzellan des Bantry House, das 1740 im georgianischen Stil begonnen und 1840 um zwei Seitenflügel erweitert wurde.

Rechts oben:
Ross Castle war der letzte Ort in Munster, der von Cromwells Truppen besiegt wurde. Nur über das Wasser sollte die Burg besiegt werden, war den Bewohnern prophezeit worden. Über Monate hatten sie den Angriffen vom Land widerstanden. Dann trieb sie allein der Anblick der Truppen auf dem Wasser des Lower Lake zur Kapitulation.

Rechts Mitte:
Viel kann man in Irland hören und sehen vom Leben des Adels. Spüren, wie die Herrscher einst gelebt haben, ist genauso

möglich. Für die entsprechende Summe können fürstliche Zimmer angemietet werden, wie hier im Bantry House.

Rechts unten: *Nicht nur in den fürstlichen Gärten herrscht eine überschwängliche Farbenpracht. Auch in den Gärten der kleineren Leute setzen die Menschen dem allgegenwärtigen Grün alle Farben des Sommers entgegen. Hier in Glengarriff, auf der Halbinsel Beara.*

Oben:
Wie bei jeder Insel ist die See auch in Irland allgegenwärtig. In Cobh, dem Hafen von Cork, wurde 1720 der erste Yacht-Club der Welt gegründet.

Rechts:
Die strenge Quotenregelung der Europäischen Union für den Fischfang lässt viele Netze leer im Hafen trocknen. Auch wenn die Muschelproduktion in den Aquakulturen in der Bay von Dingle wirtschaftlichen Erfolg bedeutet, tun sich die Fischer schwer mit dieser Alternative.

Oben:
Wo früher viele Boote zum Fischfang den Hafen verließen, sind Ausflüge für Touristen nur für wenige eine Alternative. In den Häfen, wie hier in Dingle, herrscht meist Ruhe.

Links:
Kleine Fischerboote haben enorme wirtschaftliche Schwierigkeiten. Mit den riesigen Fischfabriken können sie nur schwer konkurrieren.

Unten:
Auch die traditionelle Landwirtschaft verschwindet immer mehr aus dem Leben des heutigen Irlands. Nur der Tourismus ermöglicht den Menschen in den einsamen Gegenden, zum Beispiel auf der Halbinsel Beara, am Ort ihren Unterhalt zu verdienen.

Seite 74/75:
Wer ob des Regens verzweifeln möchte, es gibt solche Tage, an denen Irland sich von seiner allerbesten Seite zeigt: Die Landschaft ist in das allerschönste Licht getaucht, das Wasser ist klar und ruhig und irgendwo da draußen ist eine Insel, die es zu entdecken gilt. Hier die Basket-Inseln vor dem kleinen Hafen in Dunquin, Slea Head.

Rechts oben:
Die Kargheit der Landschaft mit ihrer beruhigenden Monotonie, wie hier auf der Insel Valentia, zieht Besucher aus aller Welt nach Irland.

Dabei vergisst man leicht, dass das Land einst bewaldet war, bevor die Besatzungsmacht England die Insel beispiellos abholzte.

Rechts Mitte:
Heute leben auf Valentia Island in erster Linie Schafe. Wegen der Schafzucht und ihrer Rentabilität wurden im 17. Jahrhundert die Menschen aus ihren angestammten Regionen vertrieben.

Rechts unten:
Mit Landflucht kämpft man auch in Irland: Wo einst die „crofter" ihre kleinen Häuser hatten, stehen heute oft Ferienhäuser, wie hier in Kerry.

Hier im O'Connors Pub in Doolin schlug die Geburtsstunde des Irish Folk. Die traditionelle irische Musik hat es schon immer gegeben, doch hier taten sich Musiker zusammen und beschlossen, ihre Musik in die Welt hinauszutragen.

Tobender Sturm in kargem hochalpinen Gelände und keine dreißig Kilometer weiter eine gar mediterrane Blumenfülle, tiefe Fjorde mit kristallblauem Wasser und eine bis zum Horizont reichende Steinwüste – an Irlands Westküste prallen so viele landschaftliche Gegensätze aufeinander, dass es andernorts für einen ganzen Kontinent reichen würde. Man trifft auf steinerne Zeugen einer bewegten Vergangenheit und spürt, dass hier das Ende Europas liegt.

Entlang der ganzen Küste ist Aufbruch spürbar. Noch immer. Vor über 150 Jahren vertrieb die schreckliche Hungersnot die Menschen aus ihrer Heimat und zwang sie in Übersee eine neue zu suchen. Doch nicht nur die eineinhalb Millionen Auswanderer brachen von hier gen Westen auf. Schon 1300 Jahre früher soll der heilige Brendan in einem Curragh, dem traditionellen irischen Lederboot, in See gestochen sein, um neue Lande zu entdecken, deren Bewohnern der Missionar das Wort Gottes bringen wollte. Von Valentia Island aus, einer kleinen Insel vor der Halbinsel Iveragh, wurde 1858 das erste Transatlantik-Kabel in Betrieb genommen. Und somit war Irland mit der Neuen Welt verbunden, auch wenn zu dieser Zeit die Hauptstadt Dublin noch keine Verbindung mit der Westküste besaß.

Eine ganz andere Art Aufbruch suchten Mönche auf der Insel Skellig, einer überaus unwirtlichen Steininsel 60 Meilen vor der Küste. In Anlehnung an die Mönche in der ägyptischen Wüste lebten hier zwischen dem 6. und dem 13. Jahrhundert Menschen unter unvorstellbar kargen Bedingungen. Freiwillig nahmen sie all die Entbehrung auf sich und suchten ihre Zukunft in Askese, Spiritualität und Kontemplation.

Links oben:
Überall ragen mächtige Burgen in die Landschaft, wenige sind so gut erhalten wie Bunratty Castle, County Clare. Im frühen 15. Jahrhundert gebaut, wurde es gründlich restauriert und gibt so den Besuchern eine Ahnung vom mittelalterlichen Leben.

Links Mitte:
Wer hier so wunderbaren Apfelkuchen backt, sind Angestellte des Bunratty Folk Parks, dem größten Freilichtmuseum Irlands am Fuße von Bunratty Castle.

Links unten:
Zwar schmücken echte mittelalterliche Möbel die Räume des in den 1950er-Jahren restaurierten Castle von Bunratty. Da jedoch keine echten irischen aus alter Zeit aufzutreiben waren, wurden Möbel aus ganz Europa verwendet.

Unten:
Das Stadtbild von Limerick wird von einer mächtigen Burg geprägt. Und wie bei vielen Städten am Shannon geht auch diese Stadtgründung auf die Wikinger zurück. Der Erbauer King John war aus England, und die Burg (gebaut zwischen 1200 und 1212) eine gewaltige Demonstration der englischen Macht.

Oben:
Inishmore ist die größte der Aran-Inseln, die weit draußen die Bucht von Galway zu bewachen scheinen. Der Dramatiker John Millington Synge, der um 1900 hier lebte, sprach gar vom kosmischen Rhythmus, dem die Menschen hier unterworfen seien.

Rechts:
Wie ein engmaschiges Netz, so scheint es, halten diese Steinmauern die Insel zusammen. Aneinandergereiht ergäben sie 12 000 Kilometer. Sie wurden mühevoll aufgeschichtet, um das Land vor Erosion zu bewahren.

Links:
Robust, dem rauen Klima der Inseln angepasst, sind auch die Ponys auf den Arans. Früher verbrachten sie den Winter in Connemara und dienten nur den Sommer über den Menschen auf den Inseln als Zugtiere.

Unten:
Der Fischfang ist für die Bewohner der Aran-Inseln noch immer von Bedeutung, obwohl ihn der Tourismus schon längst als wichtigste Einnahmequelle der 1400 Bewohner abgelöst hat.

Unten:
Die Cliffs of Moher gehören zu den spektakulärsten Naturwundern der Insel. Am eindrucksvollsten sind sie sicher in den Abendstunden, wenn die Reisebusse die Klippen verlassen haben und die Sonne im Meer versinkt.

Rechts oben:
Am höchsten Punkt der Klippen von Moher 203 Meter) ließ Cornelius O'Brien im 19. Jahrhundert diesen Aussichtsturm

bauen. Angeblich wollte der exzentrische Gutsherr mit diesem Turm besonders die Frauen beeindrucken.

Rechts Mitte:
Diese Kulisse adelt jedes Picknick zum Menü. Ein Stück irisches Brot mit salziger Butter, mehr braucht es bei dieser Aussicht nicht, um ein Mahl unvergessen zu machen.

Rechts unten:
Als ob der Atlantik das Land wieder zurück haben möchte. Wild krachen die Wellen an die Cliffs of Moher und nagen unerbittlich am Sandstein.

Oben:
„Felsiges Land" haben die Iren die Landschaft des Burren genannt, kilometerweit dehnt sich hier eine Steinwüste aus blank poliertem Kalkstein aus. Und doch finden sich hier fast alle Pflanzen, die es im übrigen fruchtbaren Irland auch gibt.

Rechts:
Weder genug Wasser, um einen Menschen zu ertränken, noch einen Baum, um ihn zu hängen, und erst recht keine Erde, um ihn zu bestatten, biete der Burren – ein Satz, der einem von Cromwells Generälen beim Anblick dieser Einöde zugeschrieben wird.

Seite 86/87:
Wie eine Oase erscheinen die grünen Weiden vor der Felswüste des Burren – hier bei Ballyvaghan.

Links:
Bei Doolin, am Rande des Burren, legen die Boote ab, die Tag für Tag den Sommer über Menschen zu den Aran-Inseln bringen. Wenn das Meer so ruhig ist, wie an diesem Tag, ein überaus erholsamer Ausflug.

Unten:
Der Burren hat seinen ganz eigenen Reiz. Dieser Karst ist tief zerklüftet, doch wasserreicher, als man denkt, da viele Flüsse unterirdisch verlaufen. Und selbst Seen gibt es dann und wann, wenn das Grundwasser durch das poröse Gestein nach oben steigt.

Faszinierende „Steinhaufen“ – Kathedralen der Vorzeit?

Am liebsten möchte man mit den Fingern jede einzelne, der in Stein gehauenen Spiralen oder Kreise nachfahren, möchte jede Vertiefung des großen Steines spüren, möchte im wahrsten Sinne des Wortes begreifen. Man steht so fassungslos wie fasziniert vor dem berühmtesten Cairn Irlands. Die Anlage von Newgrange im Tal des Boyne ist der bekannteste dieser „Steinhaufen“, so die Bedeutung des gälischen Wortes „Cairn“. Sie zählt zu den ältesten gedeckten Bauwerken zumindest der europäischen Geschichte. Seit 300 Jahren weiß man von ihnen, aber erst seit 1975 stellte man hier in Newgrange Forschungen an. Von diesen „Steinhaufen“ gibt es unzählige in Irland, viele mit Steinen, die phantastisch graviert sind.
Wie künstlich angelegte Hügel ragen sie überall aus Irlands grüner Landschaft heraus, als hätte ein Landschaftsarchitekt befunden, genau hier bräuchte es einen Hügel, um weit bis zum Horizont schauen zu können. Wie bei den ägyptischen Pyramiden, die bis fünfzehnhundert Jahre nach den Anlagen in Irland gebaut wurden, verbirgt sich ihr Geheimnis darunter.
Bis in die jüngste Zeit wurde davon ausgegangen, dass es sich bei diesen Anlagen um Grabanlagen handelt, obwohl kein Forscher eine Spur von Grabbeigaben fand. Selbst Knochen von Bestatteten fanden sich in den unterirdischen Gängen und Räumen nicht. Würde man sich wie einst Heinrich Schliemann von der Mythologie leiten lassen, dann könnten zumindest einige der Cairns tatsächlich Gräber sein. So soll in Knocknarea in der County Sligo auf einem Hügel 327 Meter über dem Meer Königin Maeve begraben sein, eine tapfere und furchtlose Herrscherin, für immer verewigt in der Sage um den Helden Cuchulain. Wenige Cairns sind so gut erhalten wie dieser, der einen Durchmesser von sechzig Metern hat.
Martin Byrne, Bildhauer und Forscher, lebt in Carrowkeel in der County Sligo in einem alten Bauernhaus fast am Ende der Welt. Von vorgefassten Deutungen der Anlagen wollte er erst einmal gar nichts wissen. Ihn faszinierten die Gravuren auf den Steinen, er begann sie abzumalen, sammelte sie und drang über diese Kunstwerke immer tiefer in die unbekannte Kultur der ersten Siedler in Irland. Und wer sich einmal in dieser Geschichte verfangen hat, den lässt sie nicht mehr los. Und er beginnt, auf Sachverhalte zu stoßen, die die vielen Cairns buchstäblich in einem neuen Licht erstrahlen lassen. Auch wenn sich der Ausdruck „Ganggräber“ neben dem der „Cairns“ erhalten hat, deutet manches daraufhin, dass diese Anlagen religiösen astronomischen Zwecken dienten.

Astronomische Kalender

So sprechen einige Forscher heute nicht mehr von Gräbern, sondern von Kathedralen. Seit jeher wurden in Kathedralen Könige und Königinnen bestattet und dienten gleichzeitig religiösen Zwecken. Genauso scheint es sich mit den Cairns zu verhalten. Nicht die Huldigung von Dunkelheit und Tod scheint der Hauptzweck für ihre langwierige Errichtung zu sein – man geht von einer vierzigjährigen Bauzeit aus – die Steinhaufen könnten astronomische Kalender bilden, die bestimmte Tage festhalten. So beleuchtet die Sonne in Newgrange einen kunstvoll verzierten Stein genau zur Wintersonnenwende, andere Anlagen stellen die Tag- und Nachtgleiche im Frühling und Herbst in den Mittelpunkt ihrer genau konzipierten Bauten. Deshalb vermutet man eine Art Sonnenkult. In vielen Kulturen ist die Sonne mit göttlichen Kräften ausgestattet. Warum soll dies bei Irlands ersten Siedlern nicht so gewesen sein, wo alle Anlagen auf eine Verehrung der Sonne hindeuten? Warum also nicht beides, Sonnenkult und Königsgrab? Die Forscher heute schrecken vor eindeutigen Schlussfolgerungen zurück, zu viele Unbekannte mischen sich unter ihre Erkenntnisse, was die Faszination für Besucher nur noch erhöht.

Links:
Ob die Ornamente auf den Bauwerken farbig waren, weiß niemand. Diese Kreise haben Martin Byrne nicht mehr losgelassen. Sie sind zu seinem künstlerischen Lebensinhalt geworden.

Oben:
Unweit von Sligo befindet sich das größte steinzeitliche Gräberfeld Irlands. Ein richtiger Friedhof ist Carrowmore mit über 60 Dolmen, Steinkreisen und Ganggräbern.

Kleine Bilder rechts, von oben nach unten: *Nach den Erkenntnissen der Forscher wurde die Südfront der Anlage in Newgrange, als sie vor 4000 bis 5000 Jahren errichtet wurde, mit weißen Quarzsteinen verkleidet.*

Dieser Dolmen im Burren wurde zwischen 3800 und 3200 v. Chr. gebaut. Interessant ist die Ausrichtung der Grabstätte, ihre Öffnung zeigt genau in Richtung Sonnenaufgang zur Sommersonnenwende.

Ins Reich der Lebenden und Toten blickt diese 2000 Jahre alte janusköpfige Steinfigur auf dem Friedhof von Caldragh am Lough Erne. Entstanden ist sie, als in Irland die Kelten regierten.

Cairn heißen diese Hügel, was auf irisch so viel wie Steinhaufen bedeutet. Elf Meter hoch und rund 60 Meter im Durchmesser misst der Queen Maeves Cairn, County Sligo.

Rechts:
Überall prangt die irische Trikolore als Zeichen des neu erwachten irischen Selbstbewusstseins. Dieser Fischer auf den Aran-Inseln ließ die gemalte Flagge auf seinem Boot sogar wehen, obwohl das Boot schon lange keinen Wind mehr gespürt hat.

Unten:
Die Freude der Iren an gewagten Farbkombinationen ist unerschöpflich. Selbst auf den unwirtlichen Aran-Inseln, der äußersten Bastion Europas im Atlantik, entsprechen die Fassaden der Gemütslage der Menschen.

Oben:
Direkt am Meer liegt das kleine Doolin. Das ursprüngliche Fischerdorf ist heute bekannt als Mekka der traditionellen irischen Musik.

Links:
Die Schaufenster der Läden, wie hier in Westport, County Mayo, sind bunte Sammelsurien all der Dinge, die zum Verkauf stehen. Da kann es schon mal sein, dass eine Jesusfigur mit goldenem Herzen neben einer Bohrmaschine liegt.

Links oben:
Im Gegensatz zur Tin-Whistle ist die irische Flöte aus Holz. Sie geht auf Vorbilder aus dem 19. Jahrhundert zurück. Viele Festivals während der Sommermonate bieten Kurse bei berühmten Musikern.

Links Mitte:
Auch das Banjo hat Einzug gehalten in die irische Musik. Die Einflüsse dieser Musik auf die amerikanischen Bluegrass ist unüberhörbar. Warum also nicht wieder zurück zu den Wurzeln gehen mit dem neuen Instrument?

Links unten:
Was ist nun irischer, das Bier oder die Musik? Für den Akkordeonspieler gehört das Glas Guinness zum Musikmachen während des Willie Clancy Festivals in Milltown Malbay dazu.

Unten:
„Guinness is good for you" gilt selbstverständlich auch für Musiker. Und der braune Gerstensaft wird in solchen Pubs, wie hier in Doolin, zum Erkennungszeichen der Freunde irischer Lebensart und verbindet Musiker und Zuhörer.

Rechts oben und Mitte:
Hier erklingen Bodhran und Fiddle, die beiden anderen Instrumente, die untrennbar mit der irischen Folkmusik verbunden sind (oben). Wenn in Milltown Malbay das große Festival stattfindet, stehen Musiker und Zuhörer in allen Pubs dicht gedrängt und es herrscht eine einmalige Atmosphäre. Mittlerweile gibt es selbst in umliegenden Dörfern während des Festivals Live-Musik in den Pubs (Mitte).

Rechts unten:
Abende vergehen wie im Flug in solchen Kneipen. Es wird musiziert und zugehört, geredet, gelacht und viel zu schnell naht jenes berühmte: „Last order please!"

Oben:
Eugene Lamb aus Kinvara stellt Dudelsäcke her, irische versteht sich. Uilleann Pipes, „Ellenbogen-Pfeifen“ genannt. Denn im Gegensatz zum schottischen Dudelsack erhalten diese Pfeifen ihre Luft von einem kleinen Blasebalg, der mit dem rechten Ellenbogen bedient wird.

Rechts:
Drei Sorten von Pfeifen stellt Eugene Lamb her. Da ist die Chanter-Pfeife, sie gibt die Melodie vor. Bis zu drei „drones“, so heißen die Basspfeifen, besitzt ein Dudelsack. Und wer seine Melodien noch rhythmisch untermalen will, braucht zusätzlich die „regulators“.

„Bodhran" heißt die irische Handtrommel, die Malachy Kearns in Roundstone, Connemara, mit sehr viel Liebe herstellt. Es gibt sie in allen Größen, entweder wird sie mit der Hand gespielt oder mit den „bones", kleinen Schlaghölzern.

Eine echte Bodhran besteht aus einem Birkenholzrahmen, der mit feinem Ziegenleder bespannt ist. Mit viel Sorgfalt geht Malachy Kearns bei jeder Bodhran zu Werke.

Rechts:
Diese bunten Fischerboote liegen in Rossaveel, dem bedeutendsten Fischerort Connemaras, vor Anker. Auch die Fähren zu den Aran-Inseln verlassen die irische Küste hier.

Unten:
Noch immer ist die Bucht von Doagh für ihren Fischreichtum berühmt. Das Dorf liegt auf Achill Island, der größten irischen Insel, die durch die große Michael-Davitt-Brücke zur Halbinsel geworden ist.

Oben:
Etwas mehr als 1500 Einwohner zählt der kleine Ort Killybegs und ist doch einer der bedeutendsten Fischereihäfen Irlands. Viel bemerkt man davon in diesem beschaulichen Ort nicht, nur wenn die Schiffe anlegen, geht der Trubel los.

Links:
Bescheiden sind die Strandpromenaden an Irlands Westküste und liebenswürdig, wie hier der Hafen von Kinvara in der Bucht von Galway mit ihren traditionellen Segelbooten, den Galway Hookers.

Links oben:
In Clifden Castle lebte John d'Arcy (1785–1839). Er hatte es sich zur Aufgabe gemacht, die schwer zugängliche Region von Connemara mit den Städten Galway und Westport zu verbinden.

Links Mitte:
Nicht viel mehr als dieser Kreuzgang ist vom Kloster Moyne unweit von Ballina, County Mayo, stehengeblieben. Im 16. Jahrhundert wurde das einst von Franziskanern gegründete Kloster von den Engländern niedergebrannt.

Links unten:
Dieser wunderschöne Garten gehört zur Kylemore Abbey. Angelegt wurde er von einem reichen englischen Geschäftsmann, der beschloss, sich in Connemara niederzulassen. Heute leiten hier Nonnen ein Internat.

Unten:
Dieser kleine ruhige See gehört zur Kylemore Abbey, die Geschäftsmann Mitchell Henry in der Mitte des 19. Jahrhunderts bauen ließ. Hier mögen sich er, seine Gattin und all die vielen Gäste des Herrenhauses von den Strapazen des gesellschaftlichen Lebens erholt haben.

Oben:
Dieser Friedhof westlich von Galway gilt als einer der schönsten Irlands. Ordnung gibt es keine auf diesem bunten Gräberfeld, überhaupt ist dies ein sehr „lebendiger" Gottesacker: Selbst Beruf, Todesursache und Auftraggeber des Grabmals sind auf die Steine graviert.

Rechts:
Die große Hungersnot im 19. Jahrhundert ließ die Menschen diesen Ort am Fuße des Mount Slievemore auf Achill Island verlassen. Nicht weit von hier steht übrigens das Haus, in dem Heinrich Böll sein „Irisches Tagebuch" verfasste.

Oben:
Der Croagh Patrick, County Mayo, ist der heilige Berg der Iren. Alljährlich am letzten Sonntag im Juli treffen sich hier Tausende von Pilgern, um auf dem steinigen Weg zum Gipfel Buße zu tun.

Links:
Moyne Abbey bei Ballina war bei der Gründung Mitte des 15. Jahrhunderts durch die Franziskaner ein reines Männerkloster. Es gab aber auch gemischte Klöster vor allem im frühen Mittelalter, in denen Männer und Frauen gemeinsam studierten und beteten.

Tiefe Volksfrömmigkeit und hohe Gelehrsamkeit – die Christianisierung

Sie sind nicht zu übersehen, die Heiligenstatuen, die sich an so vielen Orten und Straßen finden. Vor allem die Gottesmutter Maria schaut an Kreuzungen ehrfurchtsvoll gen Himmel und breitet gütig ihren Mantel über Irland und alle seine Einwohner aus. Irland ist ein katholisches Land und seine Volksfrömmigkeit scheint aus einer anderen Zeit zu kommen. Noch immer schmücken die Iren heilige Quellen und bringen dort Opfer dar. Und selbst wenn Irland längst in der Moderne angekommen ist, hat die Seele der Iren diese archaischen Züge nicht verloren.

Nicht immer blickte der Papst in Rom so wohlwollend auf seine irischen Schafe wie in der heutigen Zeit. Faszinierende Überreste einer großen christlichen Kultur sind in Irland neben oder gar gegen die Zentralgewalt im fernen Rom entstanden. Während das Mittelalter in Zentraleuropa als dunkles Zeitalter gilt, strahlt die Zeit zwischen dem 5. und 11. Jahrhundert golden in Irland. Die Klöster lockten Wissensdurstige von überallher und Abgesandte irischer Klöster waren Ratgeber an vielen europäischen Höfen. Die ganze Insel war eine Oase der Gelehrsamkeit. Heute besucht man ehrfürchtig die Ruinen von Monasterboice oder Glendalough.

Die Legende des heiligen Patrick

Verbunden wird Irlands Christianisierung mit einem britischen Kelten, dessen Familie sich schon seit drei Generationen zum Christentum bekannte. Irische Piraten hatten den jungen Patrick in die Sklaverei nach Irland verschleppt, doch blieb sein Herz erfüllt von seinem Glauben. Nach Flucht und Studien in Frankreich, machte er sich also auf den Weg, diesen Glauben zurück nach Irland zu tragen. Er missionierte die Insel und wurde deren Nationalheiliger.

Soweit die Legende. Historisch hat die wundersame Geschichte eines vom Glauben beseelten Mannes ein paar Unebenheiten, die in ihrer landläufigen Kurzfassung nicht überliefert werden. Patrick war im Auftrag des Papstes unterwegs, er sollte die Kirche in Irland nach dem Willen Roms errichten, mit einer streng hierarchischen Struktur wie im übrigen Europa. Denn in Irland hatte der Pelagianismus Fuß gefasst. Pelagius war ein irischer Laienmönch, der glaubte, eigenständig zu göttlicher Erkenntnis gelangen zu können. Die Erbsünde lehnte er ab und war der Meinung, der Mensch sei grundsätzlich gut – auch ohne christliche Taufe, was wiederum Rom auf den Plan rief. So hatte Patrick Kirchenbezirke einzurichten und Bischöfe zu betrauen, alles ganz im Sinne der römischen Kirche. Die Strukturen für die Macht Roms waren also gelegt. Weshalb die Amtskirche nie so eine Machtfülle inne hatte wie auf dem Kontinent, lag nun wieder an den dezentralen keltischen Strukturen, die Patrick mit den christlichen verschmolzen hatte. Die Äbte in den neu gegründeten Klöstern schlüpften in die frei gewordenen Positionen der früheren Druiden, die einst für Glauben, Recht und Wissenschaft in der alten keltischen Gesellschaft standen. Und so wurden die Klöster zum Hort von Bildung, Kunst und Religiosität. Nie sahen sie sich im Widerspruch zur Kirche, auch wenn ihnen einige Entscheidungen aus Rom missfallen mussten. Die Äbte verstanden sich mit der Amtskirche als Diener derselben Sache. Das Wirken Gottes an den Menschen stand im Mittelpunkt ihres Tuns.

In dieser Zeit entstanden die typischen irischen Hochkreuze, die über und über mit Reliefs geschmückt sind. Jede einzelne Bildfolge ist eine Geschichte aus dem Buch der Bücher, eine Art erste Bibelübersetzung aus dem Lateinischen. Einzigartig ist der große Kreis, der jedes Kreuz umschließt. Wissenschaftler sehen darin eine Verbindung mit alten keltischen Sonnenritualen, selbst eine Verbindung zum ägyptischen Sonnenkult des Echnaton ist für einige Spurendeuter nicht auszuschließen. Mit den Überfällen der Wikinger im 8. Jahrhundert begann das Ende dieser einmaligen Hochkultur.

Links:
Das Book of Kells mit seinen überwältigenden Illustrationen aus dem 8. Jahrhundert ist eines der ältesten Bücher der Welt. Gefunden wurde es zwar in Kells, County Meath, doch geschrieben wurde es auf der Insel Iona in Schottland, einer Klostergründung des Iren St. Kolumban.

Oben:
Wenn nach 40 Kilometern die schneeweiße Statue des Heiligen am Fuße des Croagh Patrick (760 Meter) zu sehen ist, hat der Pilgerweg fast seinen Abschluss gefunden.

Kleine Bilder rechts, von oben nach unten:
Bei der Gestaltung der Hochkreuze zeigt sich die Verbindung von christlicher Symbolsprache, dem Kreuz, und keltischer Bildersprache, dem Kreis.

Vieles hat sich im katholischen Alltag in Irland aus der Keltenzeit erhalten. Überall, wie hier am Gap of Mamore in Nord-Ost Donegal, finden sich zum Beispiel geschmückte und geweihte Quellen.

Bischöfe und Gründerväter wurden hoch verehrt im alten Irland, wie das Grab des ersten Abtes von Jerpoint Abbey, Felix O'Dullany, zeigt.

Das „Inschriftenkreuz“ steht in der Anlage von Clonmacnoise, dem wichtigsten Kloster Irlands, am Ufer des Shannon.

Frankreichs ehemaliger Präsident de Gaulle hat über seinen Irlandbesuch gesagt, hier wäre er sich selbst begegnet. Wer einen solchen Morgen, wie hier auf Achill Island, erleben darf, vor sich nur das Meer und den Himmel, kann ihn verstehen.

An der Küste von Nord Mayo nagt das Meer am Gestein. So war dieser kleine Fels unweit des Downpatrick Head noch 1393 mit dem Festland verbunden. Auf ihm fanden Forscher prähistorische Erdwälle.

Unten:
Die Sky Road westlich von Clifden ermöglicht auf ihren zwölf Kilometern Länge grandiose Ausblicke. Man kommt auf dieser Straße übrigens am Anwesen John d'Arcys vorbei, dem Gründer von Clifden.

Rechts oben:
Die Fischerboot-Idylle, wie hier auf Achill Island, trügt. Regionen wie diese könnten schon längst nicht mehr ohne den Tourismus leben. Er verhindert die Entvölkerung, wo ganze Branchen zusammengebrochen sind.

Rechts Mitte:
Ob auch sie die Insel verlassen, wenn sie die Schule hinter sich haben,

wie so viele vor ihnen? Auf eine gute Bildung legte man in Irland schon immer großen Wert, damit den Kindern eine Zukunft sicher ist, egal wo auf der Welt.

Rechts unten:
Noch immer sind die „currachs“, die traditionellen schwarzen Flachboote, auf dem Meer zu sehen. Früher war ihr Äußeres aus Leder, während sie heute mit Segeltuch bespannt und anschließend geteert werden. So sind sie sehr leicht und können bequem an Land getragen werden.

Rechts:
„Nice day today", sagen die Iren, egal wie es draußen aussieht. Und hat diese Landschaft nicht auch bei Regen ihren ganz besonderen Reiz, eine ganz besondere Atmosphäre, die sie unvergessen macht, wie hier bei Kylemore Abbey?

Unten:
Ursprünglich war der Rhododendron im Libanon und am Schwarzen Meer beheimatet. 1763 wurde die Pflanze zum ersten Mal auf den britischen Inseln angepflanzt. Das milde Klima des Golfstromes gefiel der Pflanze und heute gibt es Hecken überall in Irland.

Oben:
Er gehört wohl zu den eigentümlichsten Bergen der Welt und ist gerade einmal 526 Meter hoch. Als hätten die Riesen der irischen Mythologie hier ihre Hausschuhe vergessen. Der Benbulben ist ein Hochplateau aus Kalkstein im County Sligo.

Links:
Die Landschaft von Connemara ist wild und karg, aber sehrabwechslungsreich. Dort gibt es die Maumturk Mountains, ein wildes Gebirge, stille Seen und schneeweiße Strände – viele Irlandbesucher haben hier endgültig ihr Herz an die Insel verloren.

Seite 110/111:
Killary Harbour ist der einzige Fjord Irlands und liegt an der Grenze der Counties Galway und Mayo. Der Fjord hat eine Länge von 15 Kilometer und bietet eine herrliche Kulisse für die Ausflugsboote, die hier regelmäßig verkehren.

Unten:
So viel Beschaulichkeit gibt es selbst in Irland nur noch im Museum. Für die Nachkommen ehemaliger Auswanderer ist ein Besuch im Bunratty Folk Park eine Gelegenheit, sich ein Bild vom Leben ihrer Vorfahren zu machen.

Rechts oben:
Mit viel Liebe pflegen die Iren ihr historisches Erbe, zumindest hier im Bunratty Folk Park. Doch auch außerhalb des Museums hat ein Umdenken stattgefunden und man schenkt Historischem wieder mehr Bedeutung.

Rechts Mitte:
Lächelte dieser Bobby genauso freundlich, wenn er nicht Angestellter des Freilichtmuseums wäre? Selbst die Dorfpolizisten waren Aufpasser der Besatzungsmacht England und als solche in Irland unter englischer Herrschaft verhasst.

Rechts unten:
Hinter dieser Fassade verbirgt sich das Pub des Museumsdorfes. Hier herrscht den ganzen Tag ein reges Treiben. Und wenn der Museumsbetrieb vorbei ist, ist hier noch lange nicht Schluss.

Nur eine Handvoll kleine Häuser hat Portbradden, County Antrim. Alle sind sie dem Hafen und der Küste zugewandt. Die nordirische Küste gehört zu den spektakulärsten Europas, sie ist voller Naturwunder und schneeweißer Strände, dazwischen liegen liebliche Dörfer.

Um es gleich vorweg zu sagen: Der zu Großbritannien gehörende Teil der irischen Insel erstreckt sich nicht auf den ganzen Norden der Insel. So liegt die Halbinsel Inishowen im County Donegal weitaus nördlicher als das politische Nordirland. Im Süden wird gerne von den „Six Counties" geredet, den sechs von neun Grafschaften der Provinz Ulster, die durch das irisch-englische Abkommen von 1921 an die britische Krone fielen. Gerade der Norden der Insel birgt landschaftliche Schätze von atemberaubender Schönheit, Menschen haben in dieser Landschaft ihre Spuren hinterlassen und wenn man ihnen begegnet, strahlen sie dieselbe Herzlichkeit aus, wie im übrigen Irland auch.

Wer sich in Belfasts pulsierendem Zentrum bewegt, bemerkt wenig von den Wunden, die die erbitterten Kämpfe der Stadt zufügten. In den Arbeitervierteln sind sie nicht zu übersehen. Noch sind die Mauern in den Köpfen so fest, wie die verriegelten Stahltore, die des Nachts den katholischen Teil unter Belfasts Bevölkerung vom protestantischen fernhalten.

Belfast war der Motor der Industrialisierung Irlands und als der Motor zum Erliegen kam, war es der Erfindungsgeist der Bewohner Belfasts, die ihn wieder so weit flott machte, dass die Stadt überlebte. Die Belfaster sind stolz darauf, die Krise der Werftindustrie gemeistert zu haben. In den Docks, von wo aus einst die Titanic zu ihrer Jungfernfahrt aufbrach, regt sich heute wieder Leben.

Oben:
Ballintoy ist ein weiteres dieser charmanten kleinen Dörfer an der nordirischen Küste. Etwas verschlafen schmiegt es sich um seinen Hafen, der mit Vulkangestein des nahen Giant's Causeway eingefasst ist.

Rechts:
Frischer kann Fisch nicht sein: Dieser Wagen steht direkt am Hafen in Killybegs und bezieht seine Ware von den Fischern, die Tag für Tag hier anlegen, wenn es die EU-Quote erlaubt.

Links:
Die Fischer in Malin Beg bringen Lachse aus dem Atlantik an Land. Dieser Lachs ist wirklich Wildlachs und stammt nicht aus einer Aquakultur an der Küste.

Seite 108/109:
Die Sehnsucht nach Irland könnte einen übermannen bei diesem Haus an dem Küstenabbruch bei Malin Beg unweit von Glencolumbkille. Doch diese Sehnsucht lässt sich stillen, denn dieses Haus ist zu mieten.

Unten:
Wenn die großen Fischereischiffe an Land festmachen, ist es mit der Ruhe vorbei im kleinen Städtchen Killybegs.

Unten:
Die Straße von Glencolumbkille nach Ardara führt über den Glengesh Pass in engen Haarnadelkurven hinunter in ein von Gletschern der letzten Eiszeit geformtes Tal.

Rechts oben:
Dass Irland bei seinem Sprung in die Moderne oftmals über sein Ziel hinaus schießt und Dinge preisgibt, die bewahrens-

wert wären, kann man verstehen, wenn man bedenkt, dass in solchen Hütten, wie hier kurz vor Ardara, bis in jüngster Zeit Menschen lebten.

Rechts Mitte:
Die Landschaft hat eine beruhigende Wirkung auf jeden, der sich in ihr aufhält. Alles scheint hier an seinem Platz zu sein und verströmt Harmonie, wie hier am Glengesh Pass.

Rechts unten:
County Roscommon liegt so abseits der allgemeinen Verkehrsströme, dass sich hier die Kühe in aller Ruhe der Straße bemächtigen können.

Links oben:
Hexenküchen stellt man sich anders vor, nicht so steril und überwacht. Und doch grenzt es an Zauberei, wie aus gemälzter Gerste, Hefe und Wasser „uisge beatha“ (Lebenswasser) wird. Bushmills in Nordirland ist die älteste Whiskey-Brennerei auf der Welt.

Links Mitte:
Weicher schmeckt der irische Whiskey, keine rauchige Note übertönt den Geschmack der dreimal gebrannten Flüssigkeit, was ihm den Namen „Frauen-Whiskey“ eingebracht hat.

Links unten:
In solchen Fässern reift der Whiskey bis zu 21 Jahre. Bushmills erdachte sich ein System, bei dem verschiedene Arten von Fässern für die Reifung des jungen Alkohols zu Whiskey benutzt werden. Die Abfolge ist jedoch strengstes Firmengeheimnis.

Unten:
Dreimal wird der irische Whiskey in den kupfernen „pot-stills" gebrannt. Seit 400 Jahren wird hier in Bushmills Whiskey destilliert. Die Technik hat vieles einfacher gemacht, doch die hohe Aufmerksamkeit des Brennmeisters ist noch immer erforderlich.

Kleine Bilder rechts:
An den alten Webstühlen in Kilcar wird noch heute aus reiner Wolle Tweed gewebt. Uraltes Wissen und alte Handwerkskunst lassen aus Schafwolle so hervorragende Stoffe werden. Selbst in Zeiten der neuen Kunstfasern ist reine Wolle noch immer unerreicht, denn sie kann Feuchtigkeit aufnehmen und wärmt trotzdem. Wer Zeit und Muße mitbringt, der kann sich hier gleich ein neues Kleidungsstück nähen lassen. Es ist gewiss ein Unikat.

Oben:
Als ahne man dort hinten tatsächlich die schottische Küste, die Riesen in der irischen Mythologie durch den „Giant's Causeway" mit der irischen verbunden haben sollen.

Rechts:
Dunluce Castle soll die malerischste aller irischen Burgen sein. Auf einem 30 Meter hohen Basaltfelsen über einer Meeresgrotte liegt die Ruine aus dem 13. Jahrhundert, seit dem 17. Jahrhundert ist sie verlassen.

Oben:
Mitten im Lough Erne, dem größten See in Fermanagh, liegt Devenish Island. Die geschützte Lage der Insel hat das Kloster aus dem 6. Jahrhundert nicht davor bewahrt, von den Wikingern geplündert zu werden.

Links:
Aufs Meer hinausschauen, zusehen, wie die Wellen brechen, und das Salz auf der Haut spüren – Irland ist ein Land für Individualisten, die ihre eigenen Wege gehen wollen.

Seite 126/127:
Der herrliche Sandstrand von Malin Bay im County Donegal lädt geradezu zum Baden ein.

Unten:
Wilde Küste im Norden Irlands: Vor etwa 60 Millionen Jahren bildete Lava am Giant's Causeway bizarre Formationen. Die auffallendsten erhielten eigene Namen.

Rechts oben:
Die an der Bruchstelle der Erdkruste durch den Kalk gedrungene Lava zog sich beim Abkühlen in solch regelmäßige polymorphe Strukturen zusammen und schuf dadurch das Naturwunder des Giant's Causeway.

Rechts Mitte:
38 000 solcher Basaltsäulen sind an der Küste von Antrim zu sehen. Manche von ihnen sind 25 Meter dick, andere bis zu zwölf Meter hoch. Manche sind sogar sieben- oder achteckig.

Rechts unten:
Erst im 18. Jahrhundert interessierten sich die Wissenschaftler für das Naturphänomen des Giant's Causeway. Und seit 1883 eine Bahnstrecke bis hierher gelegt wurde, ist der „Damm der Riesen" die größte Attraktion Nordirlands.

Oben:
City durfte sich Belfast bereits seit zehn Jahren nennen, als 1898 mit dem Bau dieses prunkvollen Rathauses begonnen wurde. Seit 1906 stellt nun die alte Leinen- und Schiffsbauerstadt mit diesem Tempel der Macht ihren ehemaligen Reichtum zur Schau.

Rechts:
Rundum renoviert wurde die viktorianische Grand Opera in Belfast zum ersten Mal in den 1970er-Jahren. Noch zweimal geschah dies in den letzten dreißig Jahren, Autobomben vor ihren Toren beschädigten sie schwer.

Seite 130/131:
Vom Hausboot aus lässt sich das Land bestens erkunden. 1993 wurde der Shannon-Erne-Waterway wieder eröffnet und stellt über 16 Schleusen die Verbindung von Upper Lough Erne, hier bei Enniskillen, zum Shannon her.

Links:
Neben wunderschönen Blumenanlagen ist Belfasts Botanischer Garten für sein gusseisernes Palmenhaus, gebaut in den Jahren 1832 bis 1852, berühmt. Auch tropische Nutzpflanzen gedeihen hier, wie Kaffee, Zimt oder Bananen.

Unten:
Reich mit italienischem Marmor ausgekleidet, erinnert das Belfaster Rathaus an die Blütezeit der einzigen Industriestadt Irlands. Erwirtschaftet wurde der Bau des Rathauses aus den Gewinnen der Gasversorgung.

Register

SCHOTTLAND
Atlantischer Ozean
Malin Head
Malin
Horn Head
Inishowen
Buncrana
Mussenden Temple
Giant's Causeway
Rathlin I.
Gortahork
Milford
Portrush
Ballycastle
Aran I.
Derryveagh Mts.
Coleraine
Glenveagh N.P.
Limavady
Bally-money
Red Arch
Letter-kenny
Grianan of Aileach
London-derry
Antrim Mts.
Garron Tower
St. Columbkille
Lifford
Strabane
Ballymena
Larne
Glencolumbkille
Folk Village Museum
Blue Stack Mts.
One Man's Pass
NORDIRLAND
Ballyclare
Killybegs
Donegal
Antrim
Newtown-abbey
Donegal Bay
Bally-shannon
Omagh
Cooks-town
Lough Neagh
Bangor
Creevykeel Court Cairn
Belfast
The Arches
Downpatrick Head
Lissadell House
Lower Lough Erne
Dungannon
Giant's Ring
Newtownards
Doonamo Fort
Lisburn
Castle Espie Centre
Mullet Peninsula
Ceide Fields
Drumcliff
Monastic Ruins
Portadown
Ards Peninsula
Sligo
Enniskillen
Killyleagh
Bangor
Innisfree
Navan Fort
Armagh
Audley's Castle
Ballina
Banbridge
Achill I.
Keel
Nephin Beg Range
Heapstown Cairn
Monaghan
Downpatrick
Erew Abbey
Cathedral Rocks
Charles-town
Newry
St. John's Point
Castle-blayney
Leitrim Heritage Centre
Boyle
Maggie's Leap
Newport
Warren-point
Clare I.
Clew Bay
Castlebar
Carrick-on-Shannon
Cavan
Dundalk
Westport
Inishturk I.
Bailie-borough
Carrick-macross
Claremorris
Castlerea
Inishark I.
Partry Mts.
Strokestown Park
Dunleer
Connemara N.P.
Lough Mask
Roscommon
Longford
Hill of Slane
Monasterboice
Clifden
Ashford Castle
Tuam
Castlestrange Stone
REPUBLIK
Kells
Drogheda
Slyne Head
Connemara
Lough Corrib
Knowth
Newgrange
Navan
Aughnanure Castle
Lough Ree
Mullingar
Hill of Tara
Carna
Rosmuck
Athlone
Trim
Skerries
Galway
Ballinasloe
Inishmore I.
Clara
Edenderry
Swords
Malahide
Dún Aengus Fort
Galway Bay
Loughrea
Clonmacnoise
Tullamore
Leixlip
Dublin
Dún Conor
Thoor Ballylee
Rathcoole
Aran Islands
Portarlington
Hill of Allen
Naas
Portumna
Kildare
Bray
Kilmacduagh Monastery
Birr
St. Ciaran's Bush
Cliffs of Moher
Russborough House
Ennistymon
Lough Derg
Portlaoise
Wicklow Mts.
Glendalough
The Devil's Glen
Ennis
Roscrea
Craggaunowen Project
Nenagh
Abbeyleix
Wicklow
Templemore
Avondale Forest Park
Kilrush
Bunratty Castle
Carlow
Tullow
Loop Head
Limerick
Thurles
Shannon
Arklow
Kilkenny
IRLAND
Kerry Head
Listowel
Newcastle West
Gorey
Cashel
Tipperary
The Water Garden
Tralee
Enniscorthy
Cahir
Clonmel
Carrick-on-Suir
Dingle
Dingle
Castleisland
New Ross
Killorglin
Anne's Grove Gardens
Curraghmore Gardens
Wexford
Ring of Kerry
Killarney
Waterford
Johnstown Castle
Mallow
Fermoy
Rosslare Harbour
Valencia I.
Cahirciveen
Gap of Dunloe
Killarney N.P.
Tramore
Iveragh
Dungarvan
Derrynasaggart Mts.
Hook Head
Carnsore Point
Sneem
Macroom
Derrynane National Historic Park
Derreen Gardens
Youghal
Cork
Beara
Glengarriff
Cobh
Bandon
Dursey I.
Bantry
Kinsale
Charle's Fort
Sheep's Head
Clonakilty
Skibbereen
Old Head of Kinsale
Mizen Head
Cape Clear
Sankt-Georgs-Kanal
WALES
Irische See

„Guinness is good for you …"

Impressum

Buchgestaltung
www.hoyerdesign.de

Karte
Fischer Kartografie, Aichach

Printed in Germany
Repro: Artilitho, Lavis-Trento, Italien - www.artilitho.com
Druck und Verarbeitung: Offizin Andersen Nexö, Leipzig

ISBN 978-3-8003-4006-4

Unser gesamtes Programm finden Sie unter:
www.verlagshaus.com

Fotografen
Martin Schulte-Kellinghaus und **Erich Spiegelhalter** leben und arbeiten als freie Fotografen in und bei Freiburg. Als Fotografenteam produzieren sie Diashows zu verschiedenen Reisethemen. Beide haben bereits zahlreiche Bildbände und Reportagen in Zeitschriften und Magazinen veröffentlicht.
www.schulte-kellinghaus.de
www.erich-spiegelhalter.de

Autorin
Martina Wenk ist freie Autorin und lebt im äußersten Südwesten Deutschlands. Neben den britischen Inseln beschäftigt sie sich mit Kultur und Geschichte auf den verschiedensten Gebieten. Mit dem Fotografen Martin Schulte-Kellinghaus hat sie bereits mehrere Projekte veröffentlicht.

Bildnachweis:
Alle Bilder von Martin Schulte-Kellinghaus und Erich Spiegelhalter mit Ausnahme von:
Brigitte Merz: Schutzumschlag vorne, S. 5, S. 48/49, S. 61 oben, S. 63 unten, S. 91 oben, S. 99, S. 126/127, S. 128, S. 136.

Steve Roche-Fotolia: S. 29 oben.